# 创新创业基础

CHUANGXIN CHUANGYE JICHU

主　编　罗统碧　皮发万
副主编　陈应纯　黄移蒙　陈　镇

重庆大学出版社

**图书在版编目（CIP）数据**

创新创业基础 / 罗统碧，皮发万主编. -- 重庆：
重庆大学出版社，2021.5（2025.7重印）
ISBN 978-7-5689-2553-2

Ⅰ.①创… Ⅱ.①罗… ②皮… Ⅲ.①创业—中等专业学校—教材 Ⅳ.①G717.38

中国版本图书馆CIP数据核字（2021）第012083号

**创新创业基础**

主　编：罗统碧　皮发万
副主编：陈应纯　黄移蒙　陈　镇
策划编辑：唐笑水
责任编辑：唐启秀
责任校对：谢　芳
责任印制：张　策
版式设计：唐笑水
插图设计：卡森插画工作室

重庆大学出版社出版发行
社址：重庆市沙坪坝区大学城西路21号
邮编：401331
电话：（023）88617190　88617185（中小学）
传真：（023）88617186　88617166
网址：http://www.cqup.com.cn
邮箱：fxk@cqup.com.cn（营销中心）
全国新华书店经销
重庆亘鑫印务有限公司印刷

开本：787mm×1092mm　1/16
印张：11.5　字数：207千
2021年5月 第1版　2025年7月第3次印刷
ISBN 978-7-5689-2553-2
定价：39.80元

# 基础教育需要搞清楚创新创业的基础问题

　　创新是企业生存最重要的法则，是员工体现自身价值、获得事业成功必备的职业能力。打破思维惯性，不走寻常路，善于寻找方法，用创新方法去解决工作中存在的问题，就会大有前途，赢得更大的发展空间，顺利打开通向成功的大门。

　　创业，绝大多数人的理解是经商或创办企业，这是狭义的创业。其实，每个人小时候都有过这样的梦想，"我长大以后，要成为一个……"这个梦想，可能是画家，展现这个世界最美丽的一面；可能是诗人，让平淡的现实变得更美好；可能是医生，让生病变得不那么痛苦；可能是教师，帮助他人成长；可能是企业家，为社会提供能够改善生活质量的产品和服务；也可能只是一个平凡的工人，为建设祖国添砖加瓦……无论什么样的梦想，将自己的梦想转化为人生志向和事业的行为，都是创业，这是广义的创业。

　　从词义上讲，创新是指抛开旧的，创造新的。创业是指创办事业。创新、创业的相同之处是都有"创"的成分，都能带给人们新的感觉。创新、创业之间的区别是"创"的程度不同。创新是在原有事物或理论的基础上有所更新，有所发现，有所突破，是对现有事物的扬弃和改进，强调的是再创性。创业则是指通过开创事业将现在的理论和成果付诸实践，是将创新出来的理论或事物变成现实，强调的是转化性。

　　创新创业是环环相扣、紧密联结的。未来人最重要的能力是创新创业的能力，能学习、能做事、能创业，才有真正的竞争力。联合国教科文组织早在20世纪末就提出"21世纪是创造教育的世纪"，并在《学无止境》报告中指出，全球问题千头万绪，人类面临的最大问题是怎样开发人的创造力、人的潜能并提高人类解决复杂问题的能力，以消除人类对付全球性问题方面的差距。在未来的挑战面前，人类已不能依靠有限的资源、能源，也难以领先历史的经验，只有抓住创造这个关键，通过创造发明，才能取得突破。在这种形势下，中学教育阶段，特别是高级中学、职业中学如何与时俱进，为高等院校探索出创新创业人才培养模式奠定基础，这是中学教育的必经之路。

基础教育、基础研究需要搞清楚创新创业的基础问题。本书采取案例教学模式，重在创新创业的基础——知识普及，其特点是内容通俗易懂，既可以作为中学生创新创业基础读本，也可以作为创新创业基础教材。建议教师在教学中，按照先帮助学生发现问题，再把解决问题的方法想出来、说出来、写出来、做出来的五个教学步骤，结合自身的教学特点组织教学。课堂教学的参考学时为32～48学时。

由于我们创新创业的能力和水平有限，因此，本书中提出的一些新观念、新思维、新理论、新方法难免有不当之处。加之本书编写的时间仓促，若有不尽如人意的地方，还请读者赐教。

本书在编写过程中参阅了陈承欢、杨利军、高峰、王思悦、张庆跃、王群、丹尼·W.辛克莱（美）等学者以及其他一些学者的观点，在此深表谢意。

编　者<br>2021年3月

# CONTENTS/ 目录

# 第一章 创新概述

当今社会中的每一个人都在不同程度地享受着创新带来的方便和幸福,创新的成果已经涉及我们社会生活的方方面面。但是,将这些成果给人们带来的作用与人们对它的认识和参与程度相比,两者极不相称,后者有待大力地提高和增强。创新是一种具有高度自主性的创造性活动。只有热爱学习和工作,善于在学习和工作中从创新的角度去思考问题、解决问题,才能激发出思维的火花,提高创新能力,拓宽发展空间。

# 第一节 什么是创造

创造是指将两个或两个以上概念或事物按一定方式联系起来,主观地制造客观上能被人们普遍接受的事物,以达到某种目的的行为。它的最大特点是有意识地对世界进行探索性劳动。创造有三层含义:一是指发明新的事物;二是指制造或建造;三是指撰写文章或创作文艺类作品。

## 案例 1 鲁班的发明创造

说起创造,中国人大多会想起鲁班,鲁班的发明创造有很多。据《事物绀珠》《物原》《古史考》等不少古籍记载,木工使用的不少工具器械都是由他创造的。比如,曲尺(也叫矩或鲁班尺),又如墨斗、刨子、钻子,以及凿子、铲子等工具。这些木工工具的发明将当时的工匠们从原始、繁重的劳动中解放出来,劳动效率成倍提高,土木工艺出现了崭新的面貌。后来,人们为了纪念这位名师巨匠,把他尊为我国土木工匠的始祖。

## 案例 2 创可贴的发明

创可贴是一种常见的外用药品,在我们日常生活中扮演着重要的角色。创可贴看似普通,但它的发明却有着一段不寻常的故事。

20 世纪初，美国强生公司有一个名叫迪克森的普通员工，他的新婚妻子不擅长做家务，在切菜的时候，手指常被菜刀切伤。迪克森已经习惯经常帮妻子包扎伤口了。

有一天，迪克森太太终于忍不住开口说："要是有一种能快速包扎伤口的绷带就好了。这样你不在家时，我也能自己处理伤口。"迪克森先生觉得妻子说的话很有道理，但是应该怎么做呢？想了一会儿，迪克森突然兴奋地对妻子说道："如果把纱布和药物粘在一起，那么用起来不就方便多了吗？"

说做就做，迪克森找来纱布、药物和胶水。他先剪下一块纱布，并在纱布的一面涂上一层胶，然后又剪了一块纱布，叠成小方块并抹上药，再把抹了药的小块纱布粘到涂了胶的纱布中间，这样就做成了一个可以快速包扎伤口的绷带。最初的绷带有一个缺点，那就是纱布上的胶长时间暴露在空气中容易失效。于是，迪克森找来很多布料做实验，希望找到一种需要时就能使用，但不会影响胶水黏性的材料。最后，他发现一种质地较硬的纱布最合适。

迪克森把这个小发明交给了强生公司，公司组织专家进行研究和开发，生产出了名叫"创可贴"的东西。这个小东西为公司带来了巨大的财富，同时也方便了人们的日常生活。

迪克森发明创可贴，是发明制造前所未有的事物，属于创造的范畴之一。

### 案例 3  刘旦宅起诉铁通公司侵权案

2008 年 10 月，上海市第一中级人民法院对著名画家刘旦宅起诉铁通公司侵犯其著作权一案作出一审判决，铁通公司侵犯了原告的著作权，赔偿 2 万元。

1981 年，刘旦宅创作的"黛玉葬花"美术作品被制作成 769 套邮票，该套邮票被评为"1981 年最佳特种邮票"。后来，刘旦宅发现，铁通公司下属武汉分公司和荆门分公司发行的充值电话卡使用了题为"黛玉"的人物画像，画中人物与自己的美术作品"黛玉葬花"一致。为此，刘旦宅以铁通公司侵犯了自己享有的著作权为由诉至法院。上海市第一中级人民法院审理后作出上述判决。

案件中的美术作品"黛玉葬花"也属于创造的范畴之一。

创造通常指首创前所未有的事物。创造是以实现一定新的目的为起因，以"除旧求新"活动为过程，以产生新的成果为结果的系统工程。

创造体现在技术领域就是"发明"，体现在科学领域就是"发现"，体现在文学艺术领域就是"创作"，体现在军事领域就是"谋略"，体现在企业管理领域就是"创新"。

**作业：**

1. 根据上述案例，谈谈你的想法或受到的启发。

2. 请把你的想法或受到的启发写进创意表里。

3. 请把你的创意做成实物。

# 第二节　什么是发明

发明是指研制出新的事物、新的方法，或是建立了新理论，这些事物、方法或理论是过去没有的。

## 案例1　鼠标的发明

在"个人电脑热"席卷全球的今天，几乎没有一台电脑不配备鼠标，但却很少有人知道鼠标的发明者是谁。

1951年，恩格尔巴特从海军退役，在美国航空航天局当工程师，可以说生活十分美满。但他认为这样过日子未免太平淡，便开始考虑改变自己的人生。

他突然想到了当时尚无踪影的个人计算机。他设想计算机与人如何交流，设想计算机如何显示、组织、指导和记载信息。

1963年，恩格尔巴特在斯坦福研究院建立了发展研究中心，终于能追逐自己的梦想了。就在这一年，他用木头和小铁轮制成了最初的鼠标。20世纪70年代，施乐公司不断完善恩格尔巴特的发明。1983年1月，苹果公司推出的"莉萨"个人电脑，率先配置鼠标。在专利证书上，鼠标的正式名称叫"显示系统纵横位置指示器"，但不知是谁把它叫作"鼠标"，而且很快便流传开来。

## 案例2　火药的发明

一千多年前，我们的祖先利用硝酸钾、硫磺、木炭等研制成火药。何以称"药"？硝石、硫磺曾被作为药材。火药发明后，也曾被列入药类。同时，火药的发现来自制丹配药的实践，故称"火药"。商周以后，人们就逐步认识了炭、硫、硝三种物质的性能。由于医药学和炼丹活动的发展，人们在长期实践中逐渐认识到，在使硫磺伏火的过程中点燃硫磺、硝石、木炭的混合物时，会发生异常激烈的燃烧。在唐初的名医兼炼丹家孙思邈的《丹经内伏硫磺法》中有关于火药的相关记载。通过反复进行这类实验，我们的祖先终于掌握了火药的配制及其燃烧爆炸的性能。宋代，火药被大量用于军事方面。南宋，火药还被制成供观赏的焰火。

中国人发明了火药。火药是炸药的一种，用途广泛。火药从13世纪起传给阿拉伯人，又由阿拉伯人经西班牙传至欧洲。火药是我们的祖先在全世界范围内实现的首创。

### 案例3  数码相机的发明

1975年，世界上第一台数码相机诞生在美国纽约罗切斯特的柯达应用电子研究中心。这台数码相机的发明人是柯达公司当时的技术人员赛尚。

1973年的一天，柯达公司的一位主管和赛尚进行了一次简短的交谈，提到有一种硅材料能够感光，这引起了赛尚的注意。赛尚是一位相机爱好者，一直以来都希望设计和制造一台全电子相机。那时，他正在开发一个"手持电子相机"的项目，这种相机是在传统相机的基础上开发出的一种不依靠胶卷、直接通过感光元件记录影像的相机。但他遇到了瓶颈，如何才能把光学影像转化为数字信号，硅材料的提示让赛尚想到了CCD。这是一种半导体材料的电荷耦合器件，它诞生于1969年的贝尔实验室，是一种能够把光学影像转化为数字信号的元件，它的发明为数码相机的诞生奠定了基础。

赛尚用了一年左右的时间制造出了首款数码相机的雏形。当时用磁带作为存储介质，从相机曝光那一刻起，需花费大约23秒钟的时间才能将影像写入磁带机。最终，赛尚通过这台相机拍到了1万像素的黑白反转相片——相片的影像是一个孩子和一条狗。

当时，柯达公司对"手持电子相机"的项目作出如下总结。

创造出一部无胶卷手持相机，通过电子方式拍摄黑白镜像，并将它们记录到不太昂贵的音频级盒式磁带机上。磁带机能从相机内取下，并插入播放设备中，以便在电视上观看。

赛尚也被称为"数码相机之父"。20世纪70年代末到80年代初，柯达实验室产生了一千多项与数码相机有关的专利，奠定了数码相机的架构和发展基础，让数码相机的生产、制造一步步走向现实。直到1989年，柯达公司终于推出了第一台商品化的数码相机。

发明是指创造出一个在客观上过去并不存在的新事物或新方法。《中华人民共和国专利法》中明确提出："发明，是指对产品、方法或者其改进所提出的新的技术方案。"

创造就是创造活动，是指人们所从事的各种具有"新颖性"的活动。发明是指创制新的事物、首创新的制作方法。创造与发明的本质是相同的，即都具有"新颖性"。因此才有"发明创造""创造发明"这样的提法。

创造与发明存在以下差别：

（1）发明的外延比创造小一些。发明多指技术领域上的创造，而不包括非技术领域的创造。《中华人民共和国专利法》中所称的"发明创造"，指的就是发明、实用新型和外观设计三类。因此，人们在经营上的策划、文学上的创作、理论上的探究等虽然都属于创造（或创新）之列，但都不属于发明的范畴，因此按规定不能申请国家专利。

（2）发明的成果应是一个明确的、新的技术方案。发明的成果应是一个明显的实物或是一种可操作的方法。而创造的成果，不仅可以是一种具体的实物或方法，而且可以是一个决策、一种思想甚至是一个点子、一个想法。

（3）创造即创造活动，往往强调的是其过程，而发明则往往强调其最后成果。科学上的发现、技术上的发明、管理上的创新和文学上的创作都是创造。

**作业：**

1. 根据上述案例，谈谈你的想法或受到的启发。

2. 请把你的想法或受到的启发写进创意表里。

3. 请把你的创意做成实物。

# 第三节　什么是创新

"创新"一词的英文是"Innovation"，原含义有三层：一是创造新的东西，就是创造出原来没有的东西；二是更新，就是对原有的东西进行替换；三是改变，就是对原有的东西进行发展和改造。

狭义的创新强调商业利益或市场价值，只有将一个伟大的创意商业化，才能算得上是真正地取得创新的成功。

## 案例 1 "发财乐"床单

钱是个好东西,人人都喜爱。一次性中几百万元大奖的人毕竟少之又少,大多数人也许一生都不会遇到。但是,在日常生活中,靠劳动赚小钱的机会犹如天上下雨,却是隔三岔五就能遇见的。

倘若盖着印有很多钱的床单睡觉,该有多好啊! 钞票床单会使人产生幻想,令人"想入非非",乐不可支。

有一个日本商人就干了这样一桩生意。他把日元印在床单上,取名为"发财乐"床单,满足人们希望赚很多钱而睡在钱上的愿望。

那些购买"发财乐"床单的人有没有美梦成真,我们不知道。但是这位日本商人却因此发了一笔财,这是大家都可想而知的。

"发财乐"床单就是一种创新。

## 案例 2 将坦克改装成"拖拉机"

坦克是陆战之王,有一个乌克兰商人却把坦克当作牛来使用,用它来耕地,而且还因此赚了钱。

苏联解体时,独联体各国中有很多军用设备冗余,其中不少是过时产品,且尤以坦克为代表。如何处理这些笨重的坦克,成了当局头痛的问题。

乌克兰有家企业的老板灵机一动,将这些坦克以很便宜的价格买了下来。他买坦克干什么呢? 原来,老板想出了将坦克改装为多用途拖拉机的创意。他们以退役的某中型坦克为基础,将炮塔改为驾驶舱,火炮和机枪换成犁和耙。这种"坦克拖拉机"比当时独联体各国所拥有的马力最大的拖拉机动力还大,而售价却是拖拉机的一半。

这种新型拖拉机推出后,受到不少农民的欢迎,并被抢购一空。

将坦克改装成"拖拉机",就是一种创新。

### 案例3　把可口可乐装进瓶子里

世界驰名商标可口可乐有一个古老的传说：在美国的亚特兰大市，可口可乐的创始人当初每天是用小车把一桶桶的可口可乐推到沙滩上去卖。有一天，一个人神秘地对他说："你要是想把饮品销量增加一百倍的话，我可以给你出一个主意，但是必须赠予我你未来公司 50% 的股权。"可口可乐的创始人感到神秘莫测，但也将信将疑地同意了，于是他俩一块儿到律师那里签了合同。合同签订之后，那人就告诉可口可乐的创始人把可口可乐装进瓶子里。从此，瓶装的可口可乐就在市场上流行开来，并成为销量巨大的国际饮品。

把可口可乐装进瓶子里，也是一种创新。

广义的创新不强调商业利益或市场价值，不分经济价值或社会价值，只要是新的、有价值的就行。

### 案例4　阿拉伯数字

1、2、3、4、5……这套简单的数字被称为阿拉伯数字。虽然名为"阿拉伯"，但其实它们起源于印度，是阿拉伯人从印度人那里习得的，然后在 12 世纪左右，中东数学家将这套数字的书写方法带到了欧洲。

可能很少有人会去深思这些简单的数字的意义，而它们却是人类文明得以向前推进的关键要素。

13 世纪初，意大利数学家斐波那契开始在他的工作中使用阿拉伯数字。随后，西欧的定量科学取得了巨大的进步。为何在此之前罗马人没能做出富有创造性的定量科学？一种说法认为，这是因为用罗马数字进行复杂计算并不是一项方便简洁的任务，因此阿拉伯数字的出现代表了计数方法上的重大突破，为代数的发展铺平了道路。如果没有这些数字，数学或许将一直困在黑暗时代。

阿拉伯数字属于数学创新，虽不能实现商业利益或市场价值，但仍是一种创新。

### 案例5　让厂家亲自跳伞检测

二战期间，美国空军降落伞的合格率为 99.9%，这就意味着从概率上来说，每一千个跳伞的士兵中会有一个因为降落伞不合格而丧命。军方要求厂家必须让合格率达到 100% 才行。厂家负责人说，他们竭尽全力了，99.9% 已是极限，除非出现奇迹。军方改变了检查制度，每次交货前从降落伞中随机挑出几个，让厂家负责人亲自跳伞检测。从此，奇迹出现了，降落伞率达到了百分之百。

军方改变检查制度，让厂家负责人亲自跳伞检测，这种制度虽不能实现商业利益或市场价值，但也是一种创新。

### 案例6　商鞅变法

战国时期战乱频繁，强者为王，胜者为王。古代打仗，主要由两种因素决定胜负，一是粮食多，二是人多，粮多人多则为国强。秦国的秦孝公即位以后，决心改革图强，便下令招贤。商鞅听说后便从卫国来到秦国，提出了废井田、重农桑、奖军功、实行统一度量和建立县制等一系列改革的发展策略，这些策略被秦孝公采纳。

经过商鞅变法，秦国的旧制度被彻底废除，封建经济得到了发展，秦国逐渐成为战国七雄中实力最强的国家，为后来秦王朝统一天下奠定了坚实的基础。

在国家管理体制中进行变革，这是体制创新，虽不能直接实现商业利益或市场价值，但也是一种创新。

创新主要来源于经济学概念。20世纪上半叶，奥地利经济学家熊彼特提出了"创新理论"。创新的定义是建立一种新的生产函数，在经济活动中引入新的思想、方法，实现生产要素的新组合。随着技术创新研究的进展，经济学的技术创新概念又发展出知识创新、技术创新、制度创新等分支。更广义的创新，则指引进新概念、新事物和革新，包括科学发现、技术发明、观念的更新、社会革新、事业进取、文化艺术的推陈出新等。创新主要体现在对已有创造成果的改进、完善和应用，是建立在创造成果基础上的再创造，可以是有形的事物，如各种产品，也可以是无形的事物，如技术、工艺、机构、体制等。

创新等于"创意（想法）＋创造（实践）＋价值"。"想法＋实践"，即付诸行动才有价值，如果没有行动就没有价值。

**作业：**

1. 根据上述案例，谈谈你的想法或受到的启发。

2. 请把你的想法或受到的启发写进创意表里。

3. 请把你的创意做成实物。

## 第四节　创新在创业中的作用

在创业时，钱从哪里来，钱到哪里去，这是每个创业者都必须搞清楚的问题。

钱从哪里来？钱从客户那里来。因此要"创新地干"，即创新地经营。客户为什么要掏钱给你，只能是你为客户创造了价值，客户满意了，才会让你赚这个钱。"创新地干"就是与其他创业企业相比，在具有同样产品的条件下，我们怎样运用新的理念，采用新的方法、新的运行过程，将产品真实、快速、有效、低价地递送到消费者的手中。而要做好这些，没有一个创新的经营头脑也是不行的。

钱到哪里去？钱到研究与开发中去。因此要"干得创新"，即产品的创新开发。要像华为那样，把10%以上的销售收入投入研究与开发。要适时地、连续不断地进行新产品的研制开发，努力做到产品的储备、研制、开发一条龙。用新产品的开发去打开或拓宽企业的生存空间，用新产品去创办、发展企业，去提高企业员工的生活水平。开发新产品的原则是引导消费，而不是等待消费。原因很简单，等待消费是被动的，而引领消费则是主动的。

由此可见，创新是创业的基础，是最有活力的新的经济增长点。

### 一、创新是企业生存最重要的法则

创新是创业的基础，创业是把创新成果转化为人生的志向和事业。没有创新做基础的创业，是没有发展希望和前途的。创业在本质上也是一种创新活动。

#### 案例1　温水煮青蛙

温水煮青蛙的寓言，大家耳熟能详。如果把一只青蛙放进沸水中，它会立即跳出来。但是如果你把青蛙放进温水中，不去惊吓它，它就会待着不动。现在，如果你慢慢加温，当水温从70摄氏度升到80摄氏度，青蛙仍若无其事，甚至自得其乐。可悲的是，当水温逐渐上升，青蛙将变得越来越虚弱，最后无法动弹。虽然没有什么阻拦它脱离困境的障碍，但青蛙仍会留在那里直到被煮熟。

20世纪60年代，美国汽车占有绝大部分北美市场，但这样风光的日子却渐渐在改变。1962年，日本汽车的美国市场占有率低于4%，底特律的三大汽车厂商完全不把日本汽车看作生存的威胁。1967年，当日本汽车的市场占有率接近10%的时候，这样的威胁也没有被重视。1974年，日本汽车的市场占有率达到稍低于15%的时候，三大汽车厂仍悠然自得。到了20世纪80年代初期，三大汽车厂商开始重视它时，日本汽车在美国的市场占有率已经上升到21.3%。到了1989年，日本汽车的市场占有率已接近 30%，美国车只剩 60% 左右。

美国汽车这只"青蛙"，最后是否有力气从热水中跳出来，不得而知。

### 案例 2　不创新无异于死之将至

20 世纪二三十年代，福特一世以大规模生产黑色轿车独领风骚数十年，但随着时代的变迁，消费者的消费需求也发生了变化，人们希望有更多的品种、更新的款式、更加节能省耗的轿车。而福特汽车公司的产品不仅颜色单调，而且耗油量大、废气排放量大，完全不符合日益紧张的石油供应市场和日趋严重的环境污染状况。此时，通用汽车公司和其他几家公司则紧扣市场脉搏，制订出正确的战略规划，生产出节能省耗、小型轻便的汽车，在 20 世纪 70 年代的石油危机中，跃然居上，曾一度使福特汽车公司濒临破产。

对于企业而言，一旦停止创新，则无异于死之将至。

### 案例 3　安藤百福开发"方便面"

方便面，大家都很熟悉。2003 年，方便面在全世界的产值达到 140 亿美元，方便面的发明人是被称为"方便面之父"的日本人安藤百福。

40 多年前，安藤百福在大阪市开了一家以加工、销售食品为主的食品公司。他每天下班后都要乘坐地铁回到他居住的池田市。在地铁站附近，安藤常见到许多人挤在饭馆前等着吃热面条。

开始，安藤对这种司空见惯的现象并不在意。但久而久之，安藤就想：既然面条这样受欢迎，我做面条生意不是很好吗？这显然是一个很值得挖掘的潜在商机。因为吃热面条需要在饭馆前等候，费时费力，很不方便，并且吃挂面除了费时以外，还缺少调料，味道不理想。所以安藤琢磨：如果能研发一种只要开水一冲泡就可以吃，并且本身带有味道的面条，一定会受到人们欢迎。

于是，安藤百福开始试制设想中的新型食品，经过三年的研发，安藤百福终于获得了成功。上市仅 8 个月，方便面便销售出 1300 万包。安藤由此从一家小公司的经理一跃成为拥有大量资产的富商。

安藤百福开发"方便面"，就是为了企业生存。

## 二、创新是体现自我价值、获得成功所必备的职业能力

无论是在文学界、艺术界、科技界，还是创业，都可以找到因为创新而获得成功的事例。虽然改变一个人的命运有许多偶然性，但是偶然中存在必然，偶然的机遇不会留给那些不愿创新的人。

### 案例1　华君武

华君武开始创作漫画的时候，我国"漫坛"已经有不少名家高手，如丰子恺、张正宇、叶浅予等，他们创作的漫画作品已经在各大报刊上各领风骚。而华君武当时还是一位名不见经传的青年，他的画稿寄出后，经常是泥牛入海，偶尔发表一两篇，也不为人所青睐。

华君武渴望时来运转，为此他苦苦思索，自己的画作如何能被大众所接受。后来他终于明白了：自己老是模仿大师们的作画风格，无疑总是在他们的阴影下讨生活，为什么自己不独辟蹊径创造新作品呢？只要在选题和表现形式上发挥创造性，就会在漫画界有自己的一席之地。

于是，他开始走自己的路。有一天，他从一张大型的球赛广告中受到启发，想出了一个画大场面的主意，即专门选择场面比较宏大的题材作画。如他画了一个大足球场，看台上挤满了有着各种各样表情的球迷，大家在观看两队队员表演球技。再如他画的《大游行》，也是场面宏大，游行队伍挤满大街，使人看后难以忘怀。

华君武的一系列大场面漫画发表后，给人耳目一新的感觉。业内评论人或称他选题独具匠心，开大场面漫画创作先河；或赞他作画耐心非凡，居然能在一张小画纸上表现出那么多的人物形象。从此，华君武时来运转，约稿者蜂拥而至，一个画坛新秀就此脱颖而出。

### 案例2　解决肥皂空盒问题

有这样两个老板，一位在A市，一位在B市，各自开了一家肥皂工厂。他俩都引进了一台非常好的全自动制造肥皂的机器，从肥皂的生产到包装成盒，都是在一条流水线上自动完成。但是这台机器有个小小的技术问题——往往有几个盒子是空盒包装，这样就不断招来经销商的投诉：认为这两个老板没有诚信经营。怎样才能解决这个技术问题？于是，A市的老板花了100万元，请了一位专家对这个问题进

行技术处理，最后研制出一种能穿透空盒的抓币式机器，放在制造肥皂流水线的旁边，每当流水线上是空盒肥皂时，这台机器就会用钳子把这个空盒取出。

而在 B 市的那个老板一分钱都不愿再投入，他把管理车间生产线的工头找来，臭骂一顿，并警告说："我花这么多钱买的机器，生产出的肥皂还有这么多空盒，你是怎么管理的？如果你不把这个问题解决了，就立马给我滚蛋！"这个工头听了，一筹莫展，终于在临近被老板开除之际，他想出了一个很简单的方法：把一台鼓风机放在包装流水线旁，因为空盒轻，被鼓风机一吹就掉了，留下的就是包装完整的肥皂。

这位工头站在创新的角度解决问题，体现了他的自我价值。

### 案例 3　拓宽发展空间

有两个大学生毕业了，被分配到同一家单位工作，表现都不错。两年过后，公司老总提拔了大学生 A 当副科长，而大学生 B 心理不平衡：我们两个人不是一块儿来的吗，工作一样的努力，怎么提拔他不提拔我呢？大学生 B 实在是想不通，于是他找到老总，委婉地表达了自己认为不公平的看法，而且有辞职的想法。老总明白了他的言下之意，没有生气，而是非常耐心地与他交流沟通。

老总说："小 B，我会给你把这件事情说清楚的。请你先帮我做一件事，做完了我会向你解释。现在是下午四点半，公司厨房里差点菜，你到自由市场上去，看有什么东西卖没有，回来跟我说一声。"

小 B 说："好，我去看一下。"小 B 噔噔噔跑下楼，不一会儿就回来了。

"老总，市场上有个农民推了个手推车，在卖土豆。"

老总说："好，这一车土豆有多少斤呢？"

"老总，我没有问，我去问一下。"

小 B 又噔噔噔地跑下楼，一会儿回来了。

"老总，这车土豆有 300 多斤。"

老总又问："大概多少钱一斤呢？"

"哦，这个问题我没有问。请您等一下，我再去问。"小 B 噔噔噔又下楼了，一会儿回来了。

"老总，八毛钱一斤。"

老总说："要是我们把他的 300 多斤土豆全买了，价格少不少呢？"

"哦，这个问题我再去问一下。老总您再等一会儿。"噔噔噔又下楼去了。

小 B 一会儿回来了，向老总汇报。

"老总，六毛钱一斤他就卖。"

老总见小 B 跑了四趟，汗水都出来了，就端一杯热茶递了过去，请小 B 坐下来休息一会儿，喝口水。他又把提了副科长的小 A 叫了过来，当着小 B 的面对小 A 说："小 A 你到自由市场上去看一下有什么东西卖没有，回来给我讲一下。"小 A 噔噔噔去了，一会儿回来了。

"老总，一个农民推着一车土豆在卖。"

老总问："土豆大约有多少斤啊？"

"老总，我顺便问了一下，有 300 多斤。"

老总又问："多少钱一斤呢？"

"八毛钱一斤。"

老总说："全部买下，他会打折吗？"

"老总，这我也问了，六毛钱一斤他就卖。"

老总说："叫他来，我们全部买下了，厨房正等着呢！"

"我已经把他叫到门口了，只等你一句话他就进来。"

小 B 看完这个全过程，起身对老总说："老总，对不起，我去干活了，我一定会好好干的！"

小 A 站在创新的角度去思考问题、解决问题，两年过后，提高了自己的能力，拓宽了自我发展的空间，所以受到重视，得到了晋升。而小 B 缺乏从创新的角度去思考问题、解决问题的能力，两年过后，能力没有提升，自我发展的空间也没有拓宽，所以没有受到重视，也没有晋升。

**作业：**

1. 根据上述案例，谈谈你的想法或受到的启发。

2. 请把你的想法或受到的启发写进创意表里。

3. 请把你的创意做成实物。

# 第二章 创新思维

思维方式决定行为方式，不同的思维会引发不同的行为。创新思维是指不受现存的、常规的思路约束，寻求对问题进行全新的、独创性的解答的思维过程。

创新思维是发散思维与集中思维的统一。培养创新思维，就像一个人具有能同时转向两个相反方向的笑脸和哭脸一样，需要在同一个人身上同时培养发散思维和集中思维。

## 第一节 发散思维与集中思维

### 一、发散思维

发散思维为思维力提供解决问题的"方向"和各种可能性。发散思维的主要方法有想象、联想、直觉、灵感、逆向思维、侧向思维、立体思维等。

#### 案例1 调查起火原因

某农场发生了火灾，公安机关要调查发生火灾的原因。公安机关分析导致火灾的原因可能有柴草起火、烘烤起火、电线老化起火、油料起火、坏人纵火以及其他等。这个思考的过程，就运用了发散思维。

#### 案例2 砖头的用途

砖头是建筑材料，但是除了盖房子之外，还有其他用途吗？压水龙头、当作哑铃锻炼身体、当作秤砣、气功表演（砸砖）、刹车（垫轮胎）、堵老鼠洞、当作板凳、当作球门、堵烟囱、杠杆支点、当作自卫武器、铺（垫）路、做绘画颜料、做装饰涂料、雕刻为艺术品、磨刀、做路标等，这种思维就是向四面八方展开、扩大或分散，就是运用了发散思维。

#### 案例3 铅笔的用途

1983年，一位在美国学习的法学博士普洛罗夫在写毕业论文时发现：50年来，美国纽约里士满区圣·贝纳特学院的学生犯罪记录最低。

普洛罗夫在将近6年的时间里对该校学生进行调查，只问一个问题："圣·贝纳特学院教会了你什么？"共收到了 3756 份回函。在这些回函中有 74% 的人回答，他们在学校里知道了一支铅笔有多少种用途，入学的第一篇作文就是这个题目。

当初，学生只知道铅笔有写字的用途。后来他们知道了铅笔不仅能用来写字，必要时还能在画直线时用来替代尺子；能作为礼品送朋友表示友爱；能当商品出售获得利润；铅笔的芯磨成粉后可以做润滑粉；演出的时候可以临时用来化妆；削下来的木屑可以做成装饰画；一支铅笔按照相等的比例锯成若干份，可以做成一副象棋；可以当作玩具的轮子；在野外喝水时，铅笔抽掉笔芯还能当作吸管喝石缝中的水；在遇到坏人时，削尖的铅笔还能作为自卫的武器等。

圣·贝纳特学校让学生明白，有着眼睛、鼻子、耳朵、大脑和手脚的人，更是有无数种"用途"，并且任何一种"用途"都足以令人成功，这就是运用了发散思维的方法。

发散思维是指大脑在思考时呈现的一种扩散状态的思维模式，抽象表现为思维视野广阔，思维呈现出多维发散状。人可以通过从不同方面思考同一问题，如"一题多解""一事多写""一物多用"等方式，培养发散思维能力。

发散思维的作用是追求解决问题的方案的数量，探索可能性。虽然这些方案不可能每一个都十分正确、有价值，但是一定要在数量上有足够的保证。发散思维是创新思维的第一阶段，是思维的量变阶段。

## 二、集中思维

集中思维为思维力确定满意答案，以求问题的解决。集中思维的主要方法有抽象与概括、分析与综合、比较与类推、归纳与演绎。

### 案例 1　调查农场起火的原因

某农场发生了火灾，公安机关要调查发生火灾的原因。公安机关分析导致火灾的原因可能有柴草起火、烘烤起火、电线老化起火、油料起火、坏人纵火以及其他等。

然后逐步排除柴草起火、烘烤起火、油料起火、坏人纵火以及其他起火的原因，最后确认是由电线老化引发火灾。这个过程就运用了集中思维。

## 案例 2　在主妇眼里 "0" 是什么？

"0" 是什么？

在天文学家眼里，"0" 是天体，它可能是太阳、满月、地球、卫星等。

如果它是果实，它可能是苹果、葡萄、柚子、橘子、西瓜等。

除此之外，它还可以是鸡蛋、硬币、乒乓球、救生圈等。

在主妇眼里 "0" 是什么？那么它可能是碗口、盘子、脸盆等，那么 "0" 就是器皿，而不是天体。这种将问题的答案向四面八方扩散后引入逻辑序列中以找出最佳答案的方法，就是集中思维。

## 案例 3　地球有多重

我们脚下的大地是个硕大无比的球体。古希腊时科学家用巧妙的方法测出它的半径约为 6 400 千米。但是，人们一直不知道这个巨大的球体有多重？

地球那么大，那么重，用普通的秤来称出地球的质量，是不可能的。第一，世界上没有这样一杆能称出地球质量的巨秤。其次，就算有一个力大无穷的大力士能提得起地球，也无法称出地球的质量，因为那个能够提得起地球的人，站在什么地方去称地球呢？人们总不能站在地球上称地球吧？

1750 年，英国 19 岁的科学家卡文迪许向这个难题发起了挑战。他是怎样称出地球的质量的呢？卡文迪许是运用牛顿的万有引力定律称出地球质量的。根据万有引力定律，两个物体间的引力与两个物体之间的距离的平方成反比，与两个物体的质量成正比。这个定律为测量地球质量提供了理论依据。卡文迪许想，如果知道了两个物体之间的引力和距离，以及其中一个物体的质量，就能计算出另一个物体的质量。

这在理论上完全成立。但是，在实际测定中，还必须先了解万有引力的常数 G。卡文迪许通过两个铅球测定出它们之间的引力，然后计算出引力常数。两个普通物体之间的引力是很小的，不容易精确地测出，必须使用很精确的装置。当时人们测量物体之间引力的装置是弹簧秤，这种秤的灵敏度太低，不能满足实验要求。卡文迪许利用细丝转动的原理，设计了一个测定引力的装置，细丝转到一个角度时，就能计算出两个铅球之间的引力，然后，计算出引力常数。但是，这个方法还是失败了。因为两个铅球之间的引力太小了，细丝扭转的灵敏度还不够大。灵敏度问题成了测量地球质量的关键。卡文迪许为此伤透了脑筋。有一次，他正在思考这个问题，突然看到几个孩子在做游戏。有个孩子拿着一块小镜子对着太阳，太阳光被反射射到墙壁上，产生了一个白亮的光斑。小孩子用手稍稍地转动一个角度，光斑就相应地移动了距离。卡文迪许猛然醒悟，这不是距离的"放大器"吗？灵敏度不可以通过它来提高吗？

于是，卡文迪许在测量装置上装上一面小镜子。当细丝受到另一个铅球微小的引力时，小镜子就会偏转一个很小的角度，小镜子反射的光却会移动一个相当大的距离，因此能够很精确地计算出引力的大小。利用这个引力常数，就能测出一个铅球与地球之间的引力。

根据万有引力公式，他计算出了地球的质量，即为 60 万亿亿吨。现代测量的结果为 59.76 万亿亿吨。

卡文迪许测出地球质量的过程就运用了集中思维的方法。将测出地球质量这一问题归结为万有引力常数 G 的问题，进一步归结为测量装置灵敏度的问题，只要解决了这一根本性的问题，其他问题也就迎刃而解。

集中思维是指在解决问题的过程中，尽可能地利用已有的知识和经验，把众多的信息和解决问题的可能性逐步引导到条理化的逻辑序列中去，找到一个最好的结论或一个解决问题的最好办法。

集中思维的作用是追求解决问题的质量，探索可行性。集中思维主要是逻辑思维，逻辑思维属于创新思维的第二阶段，思维的质变阶段。

**作业：**

1. 根据上述案例，谈谈你的想法或受到的启发。

2. 请把你的想法或受到的启发写进创意表里。

3. 请把你的创意做成实物。

# 第二节　想象思维与联想思维

## 一、想象思维

很多人把现在的社会称为"想象力经济"时代，要想在这个时代淘到黄金，就必须具有超凡的想象力，而想象力必须依托于远见，只有有远见的人，才能准确地预测市场，看到未来的发展趋势，从而取得成功。

### 案例1　记者的想象力

19世纪中叶，纽约曾发生一起凶杀案，一位中年妇女的尸体漂浮在哈得逊河上。报纸上登载了这则新闻。一个在费城工作的记者根据这则新闻报道，凭借自己丰富的想象力完成了一部小说。主持侦破此案的警探阅读这部小说后受到启发，才把案子破了。罪犯交代的作案过程与小说中所描述的过程十分相似，警探对作者丰富的想象力相当敬佩。

记者在写小说时，就运用了想象思维的方法。

### 案例2　方士

传说在战国时期，赵国有一个非常喜欢吹牛的方士，远近闻名，无人不晓。有一天，一个人故意当着众人的面想让方士出洋相。于是，他问方士高寿多少，只见这个方士借题发挥，他说："记得我小的时候去看过伏羲画八卦，而且吓得差点瘫死过去，幸亏伏羲用灵丹妙药救活了我。后来，天崩地裂，天柱折断，天往西北倒，地下的南面积水数丈深，我幸亏在中间，没有被天砸倒，也没有被大洪水淹死，所以到现在还安然无恙。再后来，到女娲补天的时候，我还去帮女娲递过小砖块和小石子呢！还有，大禹治水经过我家门口的时候，我曾经用酒慰劳过他；姜太公钓鱼时，经常去喂我的黄鹤；穆天子在瑶池请西王母时，我坐在首席上，由于多喝了几杯，因此就醉倒起不来了，幸亏有两个丫鬟扶我回家，后来我一直醉着，到现在也没有清醒过来，记不清现在是哪一年了，所以也说不清现在是多少岁。"

方士运用想象思维，把根本不可能存在的事实描绘得活灵活现。

### 案例3　把不需要的泥土运到需要的地方

在美国加州海岸的一个城市，人们把所有适合建筑的土地都开发出来并予以利用。城市的一边是一些无法作为建筑用地的陡峭的小山，而另外一边的土地，因为地势较低，每当海水倒流时总会被淹没，所以也不适合盖房子。

有一天，这座城市来了一位具有想象力的人。这个人和所有具有想象力的人一样，具有敏锐的观察力。他在到达的第一天就看出这些土地赚钱的可能性。那些因为山势太陡而无法使用的山坡地和每天都要被海水淹没一次而无法使用的低洼地都被他预购了。因为这些土地被大众认为并没有什么太大的价值，所以他预购的价格很低。

那些陡峭的小山被他用几吨炸药炸成松土，随后被几辆推土机推平。这样一来，原来的山坡地就成了很整齐的建筑用地。另外，多余的泥土也被他用来填在那些低洼地上，使低洼地超过了水平面。因此，这些低洼地也变成了整齐的建筑用地。

通过这些行动，他赚了不少钱，那么他是怎么赚来这些钱的呢？

他只不过把某些没有用的泥土和想象力混合使用，即把某些泥土从不需要它们的地方运到需要它们的地方罢了。

这个人被那个小城市的居民视为天才，而他确实是个天才。只要你能像这个人那样运用想象思维，做天才就不难！

想象思维是人体大脑通过形象化的概括作用，对脑内已有的记忆表象进行加工、改造或重组的思维活动。想象思维可以说是形象思维的具体化，是人脑借助表象进行加工操作的最主要形式，是人类进行创新及其活动的重要的思维形式。

## 二、联想思维

联想思维的主要形式包括幻想、空想。其中，幻想，尤其是科学幻想，在发明创造中具有重要的作用。

### 案例1 "汽化器"的诞生

当我们看到汽车整天在奔跑时，你知道汽车发动机是怎样"汽化"而燃烧的吗？原来，发动机要使汽油充分燃烧，就得使汽油与空气充分混合，这就是"汽化"的过程。汽油"汽化"的过程是靠发动机内的"汽化器"来完成的，"汽化器"是美国工程师杜里埃发明的。

杜里埃为了发明"汽化器"伤透了脑筋，曾经用了很多方法去试验，都失败了。一天，他看到妻子在喷香水，突然又联想到"汽化器"，顿时受到了启发。于是他把喷雾器稍加改进，把喷雾的办法用到了发动机中，来混合空气和汽油，意外地获得了成功。这样，"汽化器"就诞生了，发动机的效率得以大大提高。

"汽化器"的诞生，就运用了联想思维的方法。

### 案例 2 细胞吞噬理论

法国有一位生理学家曾致力于研究动物机体同感染作抗争的机制问题，但一直没有成果，这令他伤透了脑筋。一次，他仔细观察海盘车的透明幼虫，并把几根蔷薇刺向一堆幼虫扔去。结果那些幼虫马上把蔷薇刺包围起来，并一个个地加以"吞食"。这个意外的发现使他联想到自己在挑除扎进手指中的刺尖时的情景：刺尖断留在肌肉里一时取不出来，而过了几天，刺尖却奇迹般地在肌肉里消失了。这种刺尖突然消失的现象，一直是他心中没能得到答案的谜题。现在他领悟到，这是由于当刺扎进了手指时，白细胞就会把它包围起来，然后把它吞噬掉。这样就产生了"细胞的吞噬作用"这一重要理论，它表明在高等动物和人体的内部都存在着细胞吞食现象，当机体发生炎症时，在这种现象的作用下，机体得到了保护，由此产生了细胞吞噬理论。

### 案例 3 军大衣为什么没有扣子

1867 年，俄国彼得堡军需部开仓发放冬装。奇怪的是，这次发放的军大衣全都没有扣子，官兵们对此十分不满。此事一直闹到了沙皇那里。沙皇听了大臣的报告后，大发雷霆，要严厉处罚负责监制军装的官吏。军需大臣恳求宽限一段时日，以便对此事进行调查。

这位大臣到军需仓库查看，他翻遍了整个仓库，竟没有一件大衣上有扣子。负责仓库保管的军官和士兵们说，这些军装入库时，都钉有扣子，扣子是不可能丢的。那么，这数以万计的扣子究竟到哪里去了呢？

军需大臣委托一位科学家来破这个案。当科学家得知这些军装上的扣子全是用金属锡制造的时候，沉思了一会儿说："扣子失踪是由于天气奇冷，锡扣子变成粉末碎掉了。"但在现场的军官都不相信科学家的解释。于是，科学家拿了一个锡壶放在花园的一个石凳子上。几天后，科学家请大臣一起到花园去看，"锡壶"仍放在原处，看上去和原来没有什么两样，但当他们上前用手指触碰时，怪事发生了，锡壶变成了粉末。众人看得目瞪口呆，忙问科学家："这是怎么一回事？"

原来，锡具有与其他金属不同的物理性质。当环境温度极低时，其晶体结构会发生改变，体积增加 20% 左右，于是变成一种灰色粉末；到了 −33 摄氏度时，这种变化的速度就会大大加快。那年冬天，俄国彼得堡地区的气温下降到 −33 摄氏度以下，所以银光闪闪的锡扣子都不见了，只有钉纽扣的地方留下一小撮灰色的粉末。

无独有偶。一些多次去南极探险的科学家们曾找到了一些若干年前在南极遇难的探险家们的尸体，他们是被暴风雪困在帐篷里饥寒交加而死的，奇怪的是帐篷里有充足的食物，只是装燃料的油桶是空的。科学家们经过仔细调查后发现，这些桶是用锡焊接的，在低温下，锡变成了粉末，致使燃油全部漏光。当疲惫不堪的探险队员回到基地帐篷中时，因为没有燃料取暖，而食物又冻得像岩石一般坚硬，只能无可奈何地坐在那里等待生命最后时刻的到来。

解决军大衣为何没有扣子这一问题，就运用了联想思维的方法。

联想思维是指在人脑记忆表象系统中，由于某种诱因导致不同表象之间发生联系的一种没有固定思维方向的自由思维活动。

联想思维是想象思维中最活跃和最重要的思维方法，联想思维主要有五种类型：

（1）相似联想。由一事物联想到与其相似的另一事物，例如，由铅笔想到钢笔等。

（2）接近联想。因一事物在时间、空间上比较接近另一事物而产生的联想。例如，由月亮想到黑夜等。

（3）因果联想。由事物的因果关系而产生的联想。例如，由下雨想到路滑。

（4）对比联想。由事物之间的相反或对比的关系产生的联想。例如，由炎热想到冰雪。

（5）强制联想。把两件毫无关系的事物强行地联系起来思考。例如，把人和花联系起来思考。

**作业：**

1. 根据上述案例，谈谈你的想法或受到的启发。

2. 请把你的想法或受到的启发写进创意表里。

3. 请把你的创意做成实物。

# 第三节　逆向思维与侧向思维

## 一、逆向思维

逆向思维虽然超常，但不反常；虽然奇特，但不荒唐。它不是毫无根据的"胡思"，也不是虚无缥缈的"乱想"，而是一种在解决问题过程中更为艰苦的创造性的脑力劳动。

## 案例 1　丑陋玩具

美国一家玩具公司的董事长有一次在郊外散步，偶然看到几个儿童爱不释手地在玩一只肮脏并且丑陋的昆虫。他突发奇想：市面上销售的玩具一般都是形象优美的，假若生产一些丑陋的玩具，结果又将如何呢？于是，他让自己的公司研制了一套"丑陋玩具"，并迅速推向市场。结果一炮打响，"丑陋玩具"给这家玩具公司带来了巨大收益，并使同行们也受到了启发，于是"丑陋玩具"接踵而来。如"疯球"就是在一串小球上面印上许多丑陋不堪的面孔。又如橡皮做的"粗鲁陋夫"，长着枯黄的头发、绿色的皮肤和一双鼓胀且带血丝的眼睛，眨眼时发出非常难听的声音。这些丑陋玩具的售价虽然超过正常玩具，却一直畅销不衰，而且在美国掀起了一场行销"丑陋玩具"的热潮。

设计丑陋的玩具，就运用了逆向思维方法。

## 案例 2　反复印机

如今，复印机、激光打印机等已经成为日常办公用品。然而，它们却消耗了大量的纸张，既不经济又不符合环保要求。对此，一家日本公司推出了一种"反复印机"，其大小与一台激光打印机差不多，已经复印过的纸张通过它，上面的图文即会消失，还原成能够多次复印的白纸。如此，一张复印纸可以重复使用 10 次左右，不仅节约了资源，创造了财富，而且使人们树立起新的价值观念：节俭固然重要，创新更可贵。这种"反复印机"的出现，适逢世界各国日益重视保护森林资源，大力提倡节约用纸之时，故深受用户欢迎，市场前景十分广阔。

"反复印机"的发明就恰当地运用了逆向思维方法。

## 案例 3　让木塞掉进坛里

民间有这样一则故事，陆游到四川后居住在梓州。梓州是个山清水秀的好地方，文人们常常在这里饮酒作乐，以诗会友。一天，有一位朋友带了一坛美酒来拜访他，陆游非常高兴，准备和好友痛饮一番。可是来访的朋友说："如果你能不取出酒坛上的软木塞，不打破酒坛，也不在酒坛上钻孔就倒出美酒，今天这一坛酒就由你痛饮；如果不能的话，对不起，这坛酒我就抱回去了。"

陆游听后便想出了打开酒坛的办法，打开酒坛的方法就是让软木塞掉进坛里。

让木塞掉进坛里，就是运用了逆向思维方法。

逆向思维也称为反向思维、求异思维，它是朝着事物发展相反的方向去思考问题，从而提出不同凡响的超常见解的思维方式。

## 二、侧向思维

侧向思维与正向思维是不一样的，正向思维是从正面去想问题，但侧向思维是要避开问题的锋芒，从侧面去想，是在次要的地方多做文章，把它挖掘出来，并把它的价值扩大，这样往往会有意想不到的效果，会更简单、方便。

### 案例1　打乒乓提高工作效率

一天，日本有名的琴师铃木被邀请到一家琴厂去做演讲。厂长说："我的员工并不是不敬业，但是说实在的，厂里有30人左右手指反应太慢，工作效率极低，您能帮忙想想办法吗？"铃木略加思考后，建议工人们每天提前1小时下班去打乒乓球。半年后，厂长给铃木寄去了感谢信，说工人们的工作效率大大提高了，真是太感谢了！

提高工作效率，按照思维惯性，要么增加工人的工作量，要么延长工人的工作时间。而铃木并没有这样做，他的建议之所以成功，是因为他发现了一条永恒的真理：提升员工的工作效率，使他们达到卓越工作的最佳境界，中间必不可少的是方法的"酵母"作用。打乒乓球可以锻炼身体和头脑同时协调工作的能力，用手指劳动的员工经过不懈的训练后，自然有利于上班时"手快起来"。

铃木用打乒乓球治疗手指反应慢的方法，就运用了侧向思维方法。

### 案例2　微型冰箱

在美国，每个家庭都有电冰箱，这已持续了很长时间了。这种高度成熟的产品竞争激烈，利润率却很低，美国的厂商束手无策，而日本人却异军突起，发明创造了一种与19英寸电视机外形尺寸一般大小的冰箱。

当微型冰箱投入市场后，人们发现除了可以在办公室使用以外，还可以安装在野营车、娱乐车上。于是，全家人外出旅游，舒适条件全部具备。微型冰箱改变了一些人的生活方式，也改变了它进入市场初期默默无闻的命运。

微型电冰箱与家用冰箱在工作原理上没有区别，其差别只是产品使用的范围不同。日本人把冰箱的使用范围由家居转移到了办公室、汽车、旅游等其他方向，有意识地改变了产品的使用范围，引导和开发了人们潜在的消费需求，从而达到了创造需求、开发新市场的目的。

### 案例3　丢钱包最多的地方开电影院

在电影兴盛时期，如果你是一家电影公司的职员，公司要到另一个城市开一家新的电影院，公司安排你在1～2天内，帮公司寻找一个最适合开电影院的地方。你有把握在这么短的时间内找到吗？

众所周知，开电影院和开商店的经验是一样的，最重要的莫过于位置。因为，商店和电影院生意要兴隆，首先得人气旺。这就必须将位置选择在人流量多、消费能力强的地方。很多人面对这样的问题，很容易根据常规思维，用测算人流量的方法去解决，其中最直接的方法，就是每天派人到各处实地考察，但这样需要耗费大量的时间和精力，在短时间内得出结果是根本不可能的。还有一种办法就是请专门的调查公司去做调查，那花费肯定不会少。除了这两种方法外，还有没有更好的方法呢？

日本一家电影公司的一位高级管理者，就遇到过这样的问题，但他采用了一种简单的方法。

他是怎么做的呢？他带领下属到将要开设电影院的城市的所有派出所进行调查。调查的目标十分简单：哪个地方平时丢钱包最多，然后就选择丢钱包最多的地方开电影院。

结果证明，这招很灵，这家电影院成了电影公司在开设的众多电影院中生意最红火的一家。

做出这种选择的理由是什么？因为钱包丢失最多的地方，就是人流量最大、消费活动最兴盛的地方。

这位主管所采用的方法，就运用了侧向思维的方法。侧向思维的具体做法是：思考问题时，不从正面角度，而是通过侧面来出人意料地思考和解决问题。

侧向思维的思路、思维方向不同于正向思维、发散思维或逆向思维，它是沿着正向思维旁侧开拓出新思路的一种创新思维。侧向思维就是利用其他领域里的知识和资讯，从侧面迂回地解决问题的一种思维方式。

**作业:**

1. 根据上述案例,谈谈你的想法或受到的启发。

2. 请把你的想法或受到的启发写进创意表里。

3. 请把你的创意做成实物。

# 第四节　突破思维定势

思维定势是指人们在思考问题时,会存在一种思维惯性,习惯性地根据自己已有的知识,按照一种固定的思路去思考问题。

思维定势可以省去许多摸索、试探的步骤,缩短思考的时间,提高效率。在日常生活中,思维定势可以帮助我们解决每天碰到的90%以上的问题。但是思维定势不利于创新思维,不利于创新。

思维定势主要来源于从众定势、权威定势、书本定势和经验定势。

## 一、从众定势

从众定势比较强烈的人,在认知事物、判定是非的时候,往往是附和多数、人云亦云,缺乏自己的独立思考和创新观念。

比如,你骑着自行车来到一个十字路口,看见红灯亮着,尽管你清楚地知道闯红灯违反交通规则,但是你发现周围的骑车人都不停车而是直接往前闯,于是你犹豫了一下,也跟着大家一起闯红灯。

又如，你经过几天几夜的思考，获得了一个新想法。当你把这个新想法告诉一个同事的时候，那个同事说"你错了"，你又告诉第二个同事，第二个同事还是说"你错了"。于是，你就会在心里说："大家都不赞同我，看来确实是我错了！"

从众，就是跟从大众、追随大伙、随大流，是思维定势中最常见、最重要的因素之一。

从众定势造成的危害非常可怕：自己的意志和思想无法发挥作用，因此不可能做出创新之举。古今中外，一切创新刚刚开始是对抗世俗的，是不被大众所接受的。比如，由于耶稣的说教与传统犹太教的说教不同而被钉在十字架上；布鲁诺宣扬"日心说"而被天主教会判处火刑；提倡"社会契约论"的卢梭东躲西藏，终身不得安宁；等等。

矫正从众定势有以下几种方法。

（1）学会独立思考。

（2）发挥自我意志和思想的作用。

（3）要有承担风险、接受嘲笑和批判，甚至流血牺牲的心理准备。

（4）当真理不被认可的时候，要有坚持下去的勇气。

## 二、权威定势

权威定势来源于由儿童成长为成年人的过程中所接受的"教育权威"和由于社会分工和知识技能方面的差异所导致的"专业权威"。在家听父母的，在学校听老师的，在单位听领导的，权威定势就此形成了，个性从此消失了，独立思考的能力也就失去了。

比如，蒸汽机大王瓦特在业内是一个"巨人"，他的权威定势就影响和阻碍了他的得力助手威廉·默克多的创新。默克多生于英国偏僻的乡村，他虚心好学，给瓦特当了助手，对蒸汽机的理论和操作都很熟悉，瓦特经常派默克多到康沃尔矿区独立负责修理和安装蒸汽机。默克多在工作之余搞了一些小发明、小创新，并开始研究能够在路上行驶的蒸汽机车。他成功了，他设计制作了模型，并能够在路上行驶。但默克多的创新引起了矿区老板的不理解和害怕，瓦特听说后怕影响默克多的工作，就派合伙人去要求默克多停止继续研究。默克多正准备去申请专利，但是瓦特的合伙人波尔顿反对，"没有那么简单，瓦特先生都没有搞成功，难道你比他还能干？你不听，我以后就不准你进商会的门，我们就此断交！"瓦特和波尔顿当时都是商会老板，默克多听了这番话，屈服了，就没有到伦敦去申请专利，也放弃了对蒸汽机车的研究。后来，蒸汽机车的发明者是斯蒂芬森。瓦特培养了默克多，同时也压制了默克多，这就是权威定势。

权威定势是指在思维过程中盲目迷信权威，以权威的是非观为标准，缺乏独立思考能力。

矫正权威定势有以下几种方法。

（1）积累丰富的知识，加强鉴别力。

（2）不要以专家的意见唯命是从。

（3）关注自然科学和社会科学的迅猛发展，在新材料、新事实、新结论的不断涌现中，鼓励自己勇于创新，挑战权威的发明创新，这样就会削弱自己对权威的敬畏心理。

### 三、书本定势

多读一些书是对的，增长知识也是好的。但是，书本知识也存在弱点，它会有滞后性，即知识也会过时。书本所反映的是过去的理想化的状态，与客观现实之间往往存在一段差距。所以，仅靠书本获取知识而没有进行实践，那么获得的东西将会是很肤浅的。

比如，战国时期，赵国有位名将叫赵奢，赵奢的儿子叫赵括。赵括从小熟读兵书，谈起用兵之道滔滔不绝，就连他的父亲也对答不上来。后来，秦国进攻赵国，两军在长平对阵数年。赵王因听信流言，撤回廉颇，任用赵括为大将。结果，秦军偷袭赵营，截断粮道。赵军 40 万人马被围歼，赵括也遭乱箭射死。成语"纸上谈兵"即由此而来。这就是书本定势。

书本定势，就是在思考问题时不顾实际情况，不加思考地盲目运用书本知识，一切从书本出发，以书本为纲的思维模式。

矫正书本定势有以下几种方法。

（1）努力学习，弥补自己知识的局限性，不断拓宽知识的边界，尽量避免做"科盲"。

（2）敢于跳出书本，边读书边思考，边学习边运用，不要被专业知识所局限。

（3）敢于标新立异，不怕被别人取笑。

### 四、经验定势

通过长时间的实践活动所取得的、积累的经验，是值得重视和借鉴的。但是，经验只是人们在实践活动中取得的感性认识，并未充分反映出事物发展的本质和规律。

比如，世界著名的科普作家阿西莫夫从小就很聪明，在年轻时多次参加"智商测试"，得分总在160分左右，属于天赋极高之列。有一次，他遇到一位汽车修理工，那是他的老熟人。修理工对阿西莫夫说："嗨，博士！我来考考你的智力，出一道思考题，看你能不能回答正确。"

阿西莫夫点头同意，修理工便开始说道："有一个聋哑人，想买几颗钉子，就来到五金商店，对售货员做了这样一个手势：左手食指立在柜台上，右手握拳做出敲击的样子。售货员见状，给他拿来一把锤子，聋哑人摇摇头。于是售货员就明白了：他想买的是钉子。聋哑人买好钉子，刚走出商店，接着进来一位盲人，这位盲人想买一把剪刀，请问：盲人将会怎么做？"

阿西莫夫心想，这还不简单吗？便顺口答道："盲人肯定会这样。"他伸出食指和中指，做出剪刀的形状，听了阿西莫夫的回答，汽车修理工开心地笑起来："哈哈，答错了吧！盲人想买剪刀，只需要开口说'我买剪刀'就行了，他干吗要做手势呢？"

人们受经验定势的束缚，就会墨守成规，失去创新能力。

经验定势是指过分依赖以往的经验，不敢越出经验半步，而且习惯以经验为标准来衡量是非。

矫正经验定势有以下几种方法。

（1）不要笃信经验。

（2）不要把自己撞得头破血流的经验作为认知标准，但可以汲取别人撞得头破血流的经验作为经验教训。

（3）有时在实践中对经验稍做修改，就可以避免付出沉重的代价。

# 第三章　创新方法

创新方法，又称创新技法，是从创新发明的活动、过程、成果中总结出来的带有普遍规律的方法。

生活中的方法可以重复使用，容许得出千篇一律的结果。而发明创新必须具有新颖性和创造性，由此可知，发明创新不容许在同一领域里有原理相同或者是结构一样的创新事物存在。即使某一个人把创新方法背得滚瓜烂熟，也极有可能没有一项成功的发明。创新方法在应用上有特定的要求。成熟的创新者在发明创新的过程中虽然也有对某些创新方法的应用，但是绝不拘泥于某种创新方法。应用创新方法的"16字口诀"是"学习方法，应用方法，发展方法，走出方法"。

# 第一节　奥斯本检核表法与和田十二法

## 一、奥斯本检核表法

检核表实际上是一张人为制订的从各个不同的角度来启迪思路的分类提问表。针对各个不同的创新对象及不同的创新目标都可以列出解决问题时应思考的方方面面，以便于按拟定的问题来开展全面、周密、多方位的思考，从而完善地解决问题。

在现有的检核表法中，实用性强、适用范围广的是奥斯本检核表法。奥斯本检核表法是从九个方面来引导我们对已有的某个事物展开想象和思维的。

### 案例1　针对手电筒的创新思路

（1）能否他用？

其他用途：信号灯、装饰灯。

（2）能否借用？

增加功能：加大反光罩，增加灯泡亮度。

（3）能否改变？

改一改：改灯罩，改小电珠和用彩色电珠等。

（4）能否扩大？

延长使用寿命：使用节电，降压开关。

（5）能否缩小？

缩小体积：1号电池→2号电池→5号电池→7号电池→8号电池→纽扣电池。

（6）能否替代？

代用：用发光二极管替代小电珠。

（7）能否调整？

换型号：两节电池直排、横排、改变式样。

（8）能否颠倒？

反过来想：不用干电池的手电筒，用磁电机发电。

（9）能否组合？

与其他组合：带手电筒的收音机，带手电筒的钟等。

### 案例2　通用汽车公司制作的检核表

奥斯本检核表法促使人们从多个角度出发去考虑问题，不把视线局限在个别问题上或一个问题的个别方面，这种方法对我们是有很大启发的。在美国，很多企业将奥斯本检核表法运用于管理领域，比如，为提高员工创意，通用汽车公司给职工制作了检核表，其内容有：

（1）为了提高工作效率，可以利用其他适当的机械吗？

（2）现有的设备有没有改进的可能呢？

（3）改变滑轮、传送装置等搬运设备的位置或顺序，能否改善操作呢？

（4）为了同时进行各种操作，能否利用某些特殊的工具？

（5）变换操作顺序能否提高零部件的质量？

（6）能用成本更低的材料取代现有的材料吗？

（7）改变材料的切削方法是否能更经济地利用材料？

（8）能使操作方法更安全吗？

（9）能否去掉无用的形式？

（10）现在的操作不能再简化些吗？

奥斯本检核表法是指在考虑某个问题时，根据需要解决的问题列出与之有关的问题，制成一览表后逐项进行检查、讨论、研究，以避免有所遗漏，从而获得创意设想和解决问题的方法。

不难看出，奥斯本的检核表内容比较全面，涉及不少其他创新方法，有利于创新者进行多角度的发散性思考，有利于突破思维惯性和突破不愿提问的心理障碍，几乎适用于各种类型和场合的创新活动，因而被誉为"创新方法之母"。

## 二、和田十二法

和田十二法既是对奥斯本检核表法的一种继承，又是一种大胆的创新。比如，其中的"联一联""定一定"等，就是一种新发展。和田十二法通俗易懂，应用简便，非常适合在中小学发明创新活动中使用，被称为发明创新的"一点通"。

简单地说，和田十二法可以归纳为"加一加、减一减、扩一扩、缩一缩、变一变、改一改、联一联、学一学、代一代、搬一搬、反一反、定一定"36个字，其操作要点、操作说明及应用实例如下：

### （一）加一加

"加一加"是从添加、增加、加长、加宽、附加、组合等角度考虑。比如，饼干加钙片等于补钙食品，日历加女兵等于女兵日历，剪刀加开瓶装置等于多用途剪刀，白酒加桑葚等于桑葚酒等，这些就运用了"加一加"的创新方法。"加一加"体现的是一种组合方式，视角是将双眼看向各种事物，努力思考哪两种或几种可以组合在一起，从而产生新的功能。环顾办公室的用品、住宅里的用具，纯粹单要素的物件很少，大部分是复合物。社会的进步，永远离不开"加一加"的创新方法。

### （二）减一减

"减一减"是对原事物从删除、减少、减小、拆散、去掉等角度考虑，使之出现新事物。比如，肉类减去油脂等于脱脂食品，水减去杂质等于纯净水，铅笔减去木材等于笔芯，眼镜减去眼镜架并缩小镜片等于隐形眼镜等，就运用了"减一减"的创新方法。生活中的许多事物都是这样，有一些东西是不必要存在的，应当把它"减一减"，还原生活的简单面貌。往往简单的东西更能展现出自己的特点，使其更具魅力和实用价值。

### （三）扩一扩

"扩一扩"是从增大、增高、增长、扩大、超出范围等角度来思考问题。扩展一种事物的用途，常常会导致一项新创意的出现。比如，小小的拉链，最早的发明者仅仅用它来代替鞋带，后来有家服装店的老板把拉链用在钱包和衣服上，从此，拉链的用途逐渐扩大，几乎能把任何两个物体连接起来。

### （四）缩一缩

"缩一缩"是从减少、缩短、缩小等角度来思考问题。比如，平板电脑现在是一个销售热点，从笔记本电脑到平板电脑，缩小了体积，便于携带。

### （五）变一变

"变一变"是从变化形状、颜色、音响、包装、结构、层次、味道等角度来考虑问题，带给人们新的感受，更有使用价值，更受消费者欢迎。比如，将气球的形状由球形改为圆饼形、米老鼠形或唐老鸭形。再比如，将漏斗的下端由圆柱形变为方筒形，这样用它往瓶子里灌水或其他液体时，由于漏斗与瓶口之间的空隙，液体就流得畅通多了。

### （六）改一改

"改一改"是对事物原有的缺点和不足进行改进，消除缺点和不足，使它更加方便、合理、新颖。我们在思考问题时，要想想这个东西或做法还存在什么缺点？还有什么不足之处需要加以改进吗？它在使用或实施时，是不是会给人们带来不便和麻烦？有解决这些问题的办法吗？比如，伞太长，不容易收藏和携带，那就变为折叠的；为了挡住迎面吹来的风雨，伞布遮住了视线，这样就容易撞到别人，那就改用透明的塑料作伞布。针对伞的不足做改进，可以消除缺点，达到使用更方便的目的。

### （七）联一联

"联一联"是寻找某个事物（事情）的结果跟起因的联系，从事物的联系中找到解决问题的办法或提出新方案。当然还有其他各种联系，但因果关系是一种内在的逻辑发展关系，用得较多。在思考时，我们可以想想某个事物的结果，跟它的起因有什么联系，能从中找到解决问题的办法吗？把某些东西或事物联系起来，能帮助我们达到什么目的？比如，在非洲沙漠边缘的草原地带，每逢旱季，当地居民就因为缺水而大伤脑筋。后来人们发现狒狒在旱季时也能照常活动。由果推因，大家猜想狒狒一定能找到水源。于是，当地人设下"连环计"：诱捕狒狒——给狒狒喂盐水——放走狒狒——狒狒口渴——奔向水源——跟踪狒狒——找到水源。人们利用这种方法马上就找到了水。

### （八）学一学

"学一学"是模仿别人或动物、植物的做法，模仿现有事物的形状、结构、原理等，发明新的事物，产生新的功能。比如，大家都见过鸟巢，在建筑设计中，人类模仿鸟类巢穴的结构，创造了北京奥运村的著名建筑——鸟巢；模仿吹奏乐器喇叭的结构，在服装设计行业，创造了"喇叭裤"等新的服装款式；理发师用来修剪头发的工具是理发剪，在农业生产上人们模仿理发剪发明了剪草机。

### （九）代一代

"代一代"就是用一种事物代替另一种事物来达到目的或效果。"代一代"是我们创新发明时常用的方法。可以这样想：有什么东西能代替另一件东西呢？如果用别的材料、零件、方法等代替另一种材料、零件或方法行不行？会产生哪些变化？会有什么效果？能解决哪些问题？比如，用纸代布，制成纸衬衣领、纸领带、纸太阳帽、纸内衣、纸结婚礼服等一次性产品，色彩鲜艳，造型别致，价格低廉，在国际市场上走俏就是很好的例子。

### （十）搬一搬

"搬一搬"是把这件东西搬到别的地方或将某一个想法、道理，某一项技术搬到别的场合或地方来达到目的。比如，将电视上的拉杆天线"搬"到圆珠笔、钢笔上去，成了可伸缩的圆珠笔、钢笔。

### （十一）反一反

"反一反"是从事物的正反、上下、左右、前后、横竖等相反的方向来分析解决问题。比如，高射炮弹一般用来攻击飞机，往往是向上打的，苏联就有人用它打入地下，为石油钻探服务，效果极佳。"钻地弹"也是同样的道理。

### （十二）定一定

"定一定"是为了解决某一问题或改进某一件东西，如为了提高学习、工作效率或防止可能发生的事故或疏漏而做出规定，规定一些标准、规章、制度。比如，人们到银行去存款取款，填单子、数钱，这时，旁边围过来一些人，这种现象就容易出问题。怎么办？在后面划一根"一米黄线"，旁边写一行字："请在黄线之外等候。"如果有人强行上来，就会有执勤人员上来维持秩序。久而久之，人们见到黄线，就会自觉地排队，在黄线之外等候。显然，这条黄线就是"定一定"，就是"制度"，这种制度设计和制度安排，规范了人们在银行存取款、在机场安检等行为，在很多类似的情况下预防事故或问题，减少了事故的发生。同时，使人们见到这根黄线，就知道自觉地排在它的后面。这就是用的"定一定"的方法。

和田十二法是我国学者在奥斯本检核表法的基础上，借用其基本原理，加以创造而提出的一种创新方法。

**作业：**

1.根据上述案例，谈谈你的想法或受到的启发。

2. 请把你的想法或受到的启发写进创意表里。

3. 请把你的创意做成实物。

# 第二节　组合创新方法

组合创新方法是指利用创新思维将已知的若干事物合并成一个新的事物，使其在性能和服务功能等方面发生变化，以产生新的价值。组合创新方法常用的有主体附加法、同物组合法、异物组合法、重组法、材料组合法等五种方法。

## 一、主体附加法

主体附加法又称添加法、主体内插式法，是指以某一特定的事物为主体，通过补充、置换或插入新的附属事物而得到新的有价值的整体。主体附加法是一种创新性较弱的组合，人们只要稍加动脑和动手就能实现，但只要附加物选择得当，同样可以产生巨大的效益。在繁荣的市场上，我们可以发现大量的商品是采用这一方法来创新的。

### 案例1　橡皮头铅笔

铅笔和橡皮原来是分开的两件东西。后来，美国人威廉发明了橡皮头铅笔，很受欢迎。他是怎么想到要发明橡皮头铅笔的呢？一次，他去朋友家，看到朋友正在用铅笔画画，铅笔的一端绑着一块橡皮。他得到启发：要是有一种带橡皮的铅笔，人们使用起来不就方便了吗？经过努力，他终于发明了橡皮头铅笔。

橡皮头铅笔就运用了"主体附加法"，主体是铅笔，附加物是橡皮头，组合成的橡皮头铅笔在写和画等功能外增加了擦除字迹的功能，便于携带和使用。

## 案例 2　汽车

现在的公路上汽车川流不息，同学们可曾想到 50 年前、100 年前汽车的样子吗？那时的汽车有保险杠吗？有里程表吗？有行李架吗？有消声器吗？有蓄电池吗？有刹车灯吗？有收音机吗？有空调吗？当时的汽车为什么没有这些附加设备？后来的汽车为什么有了？有了这些设备之后对汽车性能的发展起到了什么作用？经过一番又一番的联想，我们就会从中悟出一条相当有用的创新方法——"主体附加法"。

在运用主体附加法时，首先要确定主体附加的目的，可以先全面分析主体的缺点，然后围绕这些缺点提出解决方案，再通过增加附属物来达到改善主体功能的目的。其次，根据附加目的确定附加物。主体附加法的创新性在很大程度上取决于对附加物的选择是否别开生面，能否使主体产生新的功能和价值，以增强其实用性，从而增强其竞争力。

使用主体附加法的注意事项：

（1）主体不变或变化不大，即原有的物品、技术、性能等基本保持不变。

（2）附加的物品只是起到补充完整主体的作用，不会导致主体发生巨大变化。

（3）附加的物品有两种，第一种是已有的物品，第二种是根据主体的情况专门设计的新物品。

（4）附加的物品都是为主体服务的，用于弥补主体的不足。

因此，在运用主体附加法时应该全面考虑、权衡利弊，否则会事与愿违、费力不讨好。

### 二、同物组合法

同物组合法又称同类组合，是把形状、功能相同的两个或两个以上的器物在结构位置上进行新的搭配，并构成新的功能效果或新的外观造型的组合。

在日常工作、生活中，由同物组合创新方法构成的发明创新有很多。比如，双人伞、双轮车、多管枪、双筒望远镜、双（多）缸发动机、四（多）铧犁、眼镜中的双焦镜片、双色或多色的圆珠笔、有两个拉柄的双向拉链、正反两色的服装、双灯丝灯泡、母子雨衣和多音哨等，都可以归类为同物组合的创新产物。

如果我们把寻求同物组合创新方法的眼光放得再宽一点，那么同物组合在审美方面应用得也不少。比如，对一些紧跟时髦的情侣很有吸引力的情侣服装、情侣手表、情侣雨伞、情侣手套等，都可以视为同物组合创新方法的应用。在艺术造型方面，我们仍然可以找到它的身影，比如双面茶壶以及双面人像等。

同物组合参与组合的对象与组合前相比，只是通过数量的变化来增加新事物的功能，其性质、结构没有发生根本变化。

同物组合法的特点：

（1）组合的对象是两个或两个以上的同一事物，或者同一类事物。

（2）在组合的过程中，各个参与组合的对象在组合前后其基本原理、基本结构一般没有实质性的变化。

（3）同物组合的产物，往往具有组合的对称性或一致性的趋向。

### 三、异物组合法

异物组合法是指将两种或两种以上的不同领域的事物、思想或观念进行组合，产生新整体。两种或两种以上不同功能的物质产品的组合，都属异物组合法。

#### 案例 1　葫芦飞雷

云南哀牢山的彝族将火药、铅块、铁矿石碴、铁锅碎片等物放入一个掏尽籽的干葫芦里，在葫芦颈部塞入火草作为引火物，把葫芦装进网兜。这就是一个异物组合创新——"葫芦飞雷"。"葫芦飞雷"被称为世界上最早的手榴弹。被组合的东西（火药、铅块、铁矿石碴、铁锅碎片等物）是旧的，组合的结果（"葫芦飞雷"）是新的，以旧变新、由旧出新就是创新。

#### 案例 2　CT 扫描仪

CT 扫描仪也是异物组合法的实例。计算机和 X 射线机是两种不同种类的事物，但是将二者结合起来的 CT 扫描仪可以通过 X 射线对脑内分层扫描拍照，诊断脑内疾病，具有二者所没有的新功能。

#### 案例 3　机电一体化技术

机电一体化技术，就是组合机械、微电子、控制等技术于一体。它能集合动力机、计算机、驱动系统、执行系统、控制系统等，可完成驱动、支承、运算、控制、检测等一系列功能。

异物组合法的特点：

（1）组合对象（思想或物品）来自不同方面，一般无主次之分。

（2）在组合过程中，参与组合的对象从意义、原理、构成、成分、功能等任一方面或多方面互相渗透，整体变化比较显著。

（3）异物组合是异中求同，因此范围很广，创新性很强。

## 四、重组法

重组法是指在同一个事物的不同层次上分解原来的事物或组合，然后按照新的目的或以新的方式重新组合起来。重组只改变事物内部各组成部分之间的相互位置，从而优化事物的性能，它是在同一事物上施行的，一般不增加新的内容。

任何事物都可以看作由若干要素构成的整体，各组成要素之间的有序结合，是确保事物整体功能和性能实现的必要条件。如果有目的地改变事物内部结构要素的次序，并按照新的方式进行重新组合，以促使事物的功能和性能发生变革，这就是重组。重组能引起事物属性的变化。

### 案例 1　冰箱重组

冰箱一般都是上冷下"热"，即冷冻室在上，冷藏室在下。某家用电器公司在开发新产品时，对电冰箱进行重组，开发出冷藏室在上，冷冻室在下的上"热"下"冷"式电冰箱。

经过重组创新后的电冰箱有三方面的优点：一是增加了用户使用的方便性，电冰箱在实际使用中常用的还是在冷藏室储存熟食、水果、饮料等，冷藏室在下时要弯腰存取东西，冷藏室上移后不再有此令人不舒适的动作；二是冷冻室下置后，化霜水不再对冷藏室内的东西造成污染；三是冷冻室下置方案利用了冷气下沉的原理，使负载温度回升时间比一般冰箱延长一倍，减少耗电，节约能源。

### 案例 2　玩具

传统玩具中的七巧板、积木，现在流行的拼图、变形金刚等，就是让孩子们通过对一些固定板块、零件进行重新组合，创造出千姿百态、形状各异的奇妙世界。重组组合作为一种创新手段，可以有效地挖掘和发挥现有事物的潜力。

### 案例3 企业的资产重组

企业的资产重组，说明重组可以引发质变。

重组在商店的柜台安排、工厂的流水线布置中都是有用的，不同的安排与布置会对销售额或生产率产生影响。

重组的特点：

（1）组合在一件事物上实施。

（2）在组合过程中，一般不增加新的东西。

（3）重组主要是改变事物各组成部分之间的相互关系。

## 五、材料组合法

材料组合法是利用各种化学、物理原理，将不同的材料组合起来，获得新材料的方法。

### 案例1 钢筋混凝土

有一次，法国园艺师约瑟夫在进行园艺设计时，需要做一个坚固结实的花坛。对于建筑这一行，他一窍不通，但是作为一名园艺师，他很熟悉植物的生长规律。他想到根系密密麻麻地牢牢抓住土壤才能使参天大树屹立不倒。如果把这个原理应用在建筑中，不就能保证花坛坚固结实了吗？于是，他把土壤转换为水泥，把植物的根系转换为铁丝，把根系固定土壤转换为铁丝固定水泥，这样他建造了一个非常结实的花坛。很快，他的这项创新就在建筑界得到了推广应用，成为一种新型的建筑材料——钢筋混凝土。

### 案例2 钢铜电缆

钢铜电缆是较典型的材料组合创新的案例。具体地说，电缆的内芯是由钢丝构成的，钢丝之外是由铜组成的，然后是电缆的皮。这种结构的搭配使得每个单一材料的性能和特点都得到了极大的发挥，而且组合的有机性也得到了充分的体现。因为该组合在"有机的统一方面"做到了既"尽善尽美"，又"物尽其用"。不论从哪个角度来评价这一创新，都很难再有什么挑剔。

第一，由于钢丝的抗拉强度很高，因此由钢丝参与的该电缆也就有了很高的抗拉强度。这一"抗拉"的特点非常适合电缆的使用要求。

第二，此结构大大节省了铜的材料，由于铜的价格高出钢丝许多，因此该种结构的电缆生产成本低。

第三，对比材料的焊接性能，钢丝是优于铜的，这对于保护电缆焊后的抗拉要求无疑是有利的。

第四，钢丝抗锈蚀的能力虽然较差，但由于它被封闭在"铜衣"之内，不与外界接触，所以能够使其锈蚀的速度大大降低。

第五，由于铜的材料置于钢丝之外，它的导电性能又高于钢丝，因此极为适合交流电的流动特点。

**作业：**

1. 根据上述案例，谈谈你的想法或受到的启发。

2. 请把你的想法或受到的启发写进创意表里。

3. 请把你的创意做成实物。

# 第三节　列举法

列举法是一种借助对某一具体事物的特定对象（如特点、优缺点等），从逻辑上进行分析并将其本质内容全面地、逐一地罗列出来，再针对列出的项目逐一提出改进的方法。按照所列举问题的特点，可以有不同的列举法，其中常用的有缺点列举法、希望点列举法和特性点列举法。

## 一、缺点列举法

缺点列举就是发现问题，而发明创新就是要解决现存的问题。每发现一个缺点，提出一个问题，也就找到了一个发明创新的课题。

缺点列举是针对一个产品（部件）进行的，任何产品无论设计得多么合理，制造得如何精致，一旦交付生产、使用就会显露出某些方面的不足，这是一个客观的规律。所以当我们拿任何一个产品进行分析时，都能很快地找到它的不足之处。

### 案例1　减震球拍

日本美津浓有限公司原是一家规模较小的生产体育用品的工厂，为了拓展产品销售市场，将产品销到海外，公司研发人员进行市场调查。在调查过程中，他们了解到，初学网球者在打球时不是打不到球，就是打一个"触框球"，容易把球碰偏，令人十分头疼。很多人都想，要是球拍大一点，兴许不会出现上述毛病。美津浓有限公司就专门生产了一些比国际网联规定的标准球拍面积大 30% 的初学者球拍，这种球拍一上市果然畅销。

后来，公司研发人员又了解到初学者打网球时，手腕容易患一种称为"网球腕"的病症，这是腕力弱的人打球时因承受强烈的腕震而造成的。于是，该公司又发明了减震球拍。他们用发泡聚氨酯为材料，但经过试验，发现打起球来软塌塌的，很容易疲劳。该公司又重新进行了试验，终于制成了著名的"减震球拍"，产品打进了欧美市场。

### 案例2　电话

1875 年，贝尔发明了第一部磁石电话机。随着社会进步和科学技术的不断发展，世界各国竞相研制出多种多样的新型电话机。从创新思考的角度来看，这些新型电话机的开发是以发现现有电话机的缺点为创新背景的。

例如，便携式移动电话机，克服固定式电话机不能移动的缺点；可视电话机，克服一般电话机无法看见通话者形象和活动的缺点；防窃听电话机，克服一般电话机能被第三者窃听谈话内容的缺点；声控电话机，用声音识别代替号码盘，克服一般电话机要拨号的缺点；自动应答录音电话机，克服普通电话机在人无法即时接听电话时，不能将对方讲话内容记录下来，也不能帮助主人简单应答的缺点；灭菌电话机，克服一般公用电话机无法防止病毒传染的缺点。

### 案例3　空心香皂

她是一家机关招待所的服务员。因为是下岗后再就业，所以她十分珍惜这份工作。一天，一位客人叫住她，让她帮忙到街上去买一块香皂。她心里顿时紧张起来，

以为是自己粗心疏忽，忘记给客人的房间配备一次性香皂，便急忙向客人赔礼道歉，并表示马上补上。客人笑着解释，房间里已经有了一次性香皂，不过他讨厌使用小香皂，因为它又小，质量又差，最关键的是，这种一次性的小香皂不好拿，容易掉，使用起来不方便。她心里踏实下来，去帮客人买回了大香皂。第二天，这位客人走了，当她收拾房间时，看到昨天给客人买的香皂只用了一点点，

招待所配送的一次性香皂因为开了包装，也不能再用了。在她将一大一小两块香皂扔进垃圾桶时，忽然灵机一动：客人出差图方便，不喜欢带香皂，招待所提供的香皂又因为太小，难拿难握，质量较差，使用时缺少舒适感，不能让客人满意，这不仅有损招待所的声誉，还因为买了大的香皂造成不小的浪费，而招待所是不可能为了满足客人喜好而配备大香皂造成浪费的。能不能找一个折中的办法呢？

假如设计一种新型香皂，中间是空心的，外面包一层香皂，不就又实用又不浪费了吗？这种香皂因为是空心，可用上等质量的香皂液制作，体积大、好拿握、好擦洗、用量少，在不增加成本的条件下，可以赢得顾客的满意，一定会很受欢迎。

她找到招待所的采购员，询问能不能在市场上买到她所设想的这种香皂。采购员摇着头，说他搞了十几年的采购，还没有见过她说的这种香皂呢。她又到各大商场去打探，仍然没有。她又开始留意起各大香皂厂家的电视广告，都只是介绍自己的香皂如何香，可以杀菌，治什么病，申请了什么专利等，没有一家说怎么方便使用。

在市场分化越来越细的今天，与众不同的关键已经不再只是产品质量，而是服务。

长时间在服务行业中的经验告诉她，一次性香皂消费市场潜力巨大，一般的宾馆酒店一天就要消费上百块，一座城市就是一个很庞大的市场。她感觉到这是上苍给了她一次创业机会，她萌生了强烈的抓住机遇、实现自己人生价值的欲望。

第二天，她找出小孩玩耍的塑料球，把香皂削成薄片贴上去，"空心香皂"的雏形出来了。市内一家大香皂厂的经理看过这个雏形，了解了她的创意后，赞不绝口，鼓励她去申请专利。几个月后，她拿到了"空心香皂"的专利证书。

专利只代表创意的价值，任何商品只有产生了市场价值才算得上具备真正的价值。

在经历了一系列的研究和实验后，她终于将专利转化为产品，并很快就将"空心香皂"销售到市内数十家宾馆酒店。她还不失时机地将产品注册了商标。当年，她就凭借着"空心香皂"让自己成为身价数十万的女老板。

缺点列举法是指通过发现现有事物的缺陷，把事物的缺点逐一列举出来，然后提出改革或革新方案的一种方法。

应用缺点列举法有两个阶段。

（1）列举缺点阶段（列缺点）。要注意以下三点。

①缺点越多越好；

②挑出主要缺点；

③主体宜小不宜大。

（2）探讨改进方案阶段（定方案）。根据原因找到解决的办法，应按照缺点、原因、解决办法和新方案等列成简明的表格，从中选择最佳或最适合的方案。

缺点列举法的流程，首先是寻找创新需求。寻找创新需求的方法是列举缺点。列举缺点的方法可以是征求用户意见，可以是通过开会列举缺点，也可以是运用对比分析法找出缺点。然后根据所列出的缺点形成创新课题，再根据创新的课题进行改进、设计之后进行评价。根据评价的意见再改进方案，然后进行技术设计，最后才能取得创新成果。

## 二、希望点列举法

希望，就是人们在心理上期待达到的某种目的或出现的某种情况，是人类的需要心理的反映。希望点的背后便是新问题和新矛盾。从社会或个人需要的角度出发，通过列举希望来形成新概念或新课题的创新方法，叫作希望点列举法。

### 案例1　色盲可辨信号灯

现在，市场上许多新产品都是根据人们的"希望"发明的。比如，人们希望在暗处能够书写，于是就发明了既可照明又可书写的"光笔"。人们希望擦黑板时没有飞扬的粉笔灰，于是发明了无尘黑板擦。人们希望削苹果不用手，于是就发明了削苹果机。在研制一种新的服装时，人们提出的希望有：不要纽扣，冬暖夏凉，免洗免熨，可变花色，两面都可以穿，质量轻，肥瘦都可以穿，脱下来可作为提物袋等。现在，这些意愿大多数都在日常生活中变成了现实。

在2019年的宋庆龄少年儿童发明奖大会上，有位小学生的参赛项目格外引人瞩目。他为色盲者辨别交通信号灯提供了一个可行方案。由于色盲者只对颜色辨别不清，而对形状的辨别与常人无异，因此，只要将红灯的玻璃罩改为三角形，将黄灯的玻璃罩改为正方形，绿灯的玻璃罩保持原来的圆形就可以了。色盲者可从交通信号灯所显示的形状中，间接地获得红、黄、绿的信号，倘若这个方案被交通部门采纳，就可以提高色盲者的交通安全。

### 案例2　可降解塑料

塑料曾以结实耐用、易成型、成本低、耐腐蚀等优点，成为人们喜爱的材料。然而，它一旦被废弃，便成为不易腐烂的环境污染物。据统计，垃圾中的塑料占8%

左右，在自然条件下，塑料分解起码需要 100 年的时间。有效地控制和消除塑料这个"白色污染"源，是人类共同的"希望"。科学家们通过多年的研究，终于发明出可降解的塑料。构成塑料的分子链长度是决定塑料强度的关键，分子链一旦断裂，塑料也就变得易碎和易化解了。当塑料中掺入 3% 左右的添加剂（以淀粉为主）后，分子链的长度就会变短，废弃后由细菌进行生物化解，最后变成对环境无害的水和二氧化碳。塑料的分解速度取决于添加剂的多少。目前，可降解塑料的使用寿命可控制在 2 个月到 6 年的时间内。

### 案例 3　新型水泥

自从 1878 年法国发明天然水泥以来，水泥以它独特的性能独占建筑材料的鳌头。为了适应某些特殊工程和特殊环境的需要，人们对水泥提出了更高的要求，也陆续发明了许多新型水泥。

速凝水泥。这种水泥能在短时间内凝固，可在修复飞机跑道、堤坝及水下建筑等工程的施工中大显身手。

粘结水泥。用来修补断裂的水泥构件其牢固程度高于原先未损的部分，施工简便，被誉为"焊接水泥"。

弹性水泥。普通的水泥材料抗拉性极差，倘若泥浆中添加一些细小的强化纤维，其弹力则增加 100 倍。这种弹性水泥，特别适用于抗弯曲和振动的地方。目前，有些国家甚至制造出水泥弹簧。

变色水泥。掺入少量二氧化钴的水泥具有变色功能，空气干燥时呈蓝色，空气潮湿时变成紫色，下雨时又变成玫瑰色。用这种水泥盖起的房子，等于耸立起一座天然的"气象台"，美化环境的效果也很好。

可加热的水泥。加入一些金属颗粒和纤维的水泥通上电后，水泥就会变热。这种水泥特别适用于铺设寒冷地区的路面和机场跑道，可防止结霜和积雪。

家具水泥。这种特制的水泥板材的性能几乎跟木材一样，可以锯、刨、钉。用它制作的家具，可与木制家具相媲美，是一种便宜又耐用的替代品。

医用水泥。这种可塑性特强的水泥不是用来盖病房的，而是一种新型的补牙填料。

希望点列举法是对现有物品提出了一些希望点，然后再根据希望点去发明创新的方法。这些希望反映了人们对新产品的向往与追求，又反映了人们当前或者今后的需要。希望的背后往往是新问题和新矛盾的解决和突破。

希望点列举法和缺点列举法在形式上很相似，但是在实际应用中是不同的。缺点列举法是围绕已有事物的缺点而提出各种改进方案，不会脱离原来的事物，它是一种被动型的创新方法。希望点列举法则是从人们的愿望出发提出的新设想、新创意、新希望，它不受已有事物的束缚，是一种主动型的发明创新方法。

希望点列举法的操作步骤：

（1）确定发明创新的对象；

（2）尽量充分列举被发明创造对象的希望点；

（3）对希望点进行分类整理，找出合理的希望和不切实际的希望；

（4）根据列举的合理的希望点进行创新设计。

### 三、特性点列举法

特性也称为特有属性，是指某类对象都具有，而别的对象都不具有的属性。特性点列举法，也称为属性列举法，是一种通过列举创新对象的特征，包括名词性、形容词性和动词性等特征，然后分析、探讨能否以更好的特性替代，最后提出创新方案的创新方法。

#### 案例 1　水壶的特性分析

运用特性点列举法对水壶进行特性分析，就可找到创新的思路改进水壶。

1. 名词特性

（1）整体：水壶。

（2）部分：壶嘴、壶把手、壶盖、壶底、蒸汽孔等。

（3）材料：铝、铁皮、搪瓷、铜材等。

（4）制作方法：冲压、焊接、烧铸等。

根据名词特性进行分析，可改进创意：

壶嘴长度是否合适；壶把手可否改成其他材料以避免烫手；壶体可否一次成型；冒出的蒸汽是否烫手，可否改变蒸汽孔的位置；制作材料有无更合适的。

2. 形容词特性

（1）性质：轻、重。

（2）状态：美观、清洁、高低、大小等。

（3）颜色：黄色、白色等各种颜色或图案。

（4）形状：圆形、椭圆形等。

根据形容词特性进行分析，可改进创意：

怎样改进更便于清洁；颜色或图案还可作哪些变化；底部用什么形状才更利于吸热传热。

3. 动词特性

功能：烧水、装水、倒水、保温等。

根据动词特性进行分析，可改进创意：

能否在壶体外加保温材料；在壶嘴上加汽笛，使水开时就可鸣笛发出信号。

### 案例2 圆珠笔的特性分析

运用特性点列举法对圆珠笔进行特性分析，可提出许多创意。

1. 名词特性

（1）部件：笔杆、笔帽、笔夹、笔芯、笔珠、弹簧等。

改进创意：笔杆中能否放置一小卷备用纸；能否将油墨直接灌入笔杆中；笔帽是否可以取消；笔夹是否设计成内嵌式；笔芯是否加粗；笔芯能否重复使用；笔珠能否可用其他耐磨材料取代；弹簧是否非要不可。

（2）材料：塑料、金属、油墨等。

改进创意：能否采用其他材料；能否制造一种永不褪色的油墨；能否制造一种可擦写的油墨；能否制造一种定时褪色的油墨。

（3）制造方法：注塑、冲压、装配等。

改进创意：能否一次性注塑而成；能否进行流水线作业；能否应用机器人装配；能否将生产过程全部自动化。

2. 形容词特性

（1）形状：圆柱形。

改进创意：能否采用三棱柱形、头圆笔扁形、鹅毛形、尖刀形、汤匙形等；笔杆能否按手指压痕塑造；能否采用动物或植物造型。

（2）颜色：白、红、蓝、绿、黑、紫等。

改进创意：能否采用一些淡雅颜色来保护视力；能否在笔上设置一些变幻图案，以吸引消费者。

（3）状态：固定式、活动式、单色笔、双色笔等。

改进创意：能否设计一种可自由弯曲的笔；能否设计一种可折叠的多色笔。

3. 动词特性

（1）功能：书写、复写、绘图等。

改进创意：能否制成带磁性按摩器的笔；能否制成带指南针的笔；能否制成带放大镜的笔；能否制成带发光装置的笔；能否制成带计算器的笔；能否制成带反光镜的牙科笔；能否制成可涂胶水的笔。

（2）作用：文具。

改进创意：能否拓展为工艺精品笔；能否拓展为生肖纪念笔；能否拓展为情侣笔。

如果将上述创意进行认真整理，就可筛选出一些创新课题。

## 案例 3　台灯的特性分析

1. 名词特性

（1）整体：台式台灯、挂式台灯、夹式台灯、吊式台灯。

（2）部件：灯罩、灯光、立柱、底座、开关、电源线。

（3）材料：金属、塑料、玻璃、铝合金、钢、棉布、纸、木质。

（4）制造方法：手工制作、机器加工、锻造、铸造。

（5）性能：高低、能见度、可调节器度。

针对名词特性进行思考，改进创意。如针对开关的改进，可以改成"遥控式开关"或"感应式开关"。

2. 形容词特性

（1）外状：圆形、椭圆形、梯形、方形、三角形、多边形、不规则形。

（2）颜色：彩色。

针对形容词特性进行思考，改进创意。如能否做成"装饰性"式台灯，即日常台灯不用时，可以改变其造型，外形设计新颖，灯罩可配以各种造型，作为很好的室内装饰品；台灯的灯罩涂色能否多样化，即将单色变为彩色，让其有个性化特点，或者采用变色材料，开发一种"迷幻式台灯"，给人以新的感受。

3. 动词特性

功能：照明、发热、辐射、防远视、清新空气、风扇式。

针对动词特性进行思考，改进创意。如防近视灯，能够有效放出可保护眼睛的光，对正在照明的人的眼睛进行"保护"；空气清新灯，具有清新空气的功能，通过发热一段时间发挥作用，来达到清新空气的效果；风扇式台灯，在台灯原有的照明功能上多加一个风扇的功能，两者并用。

特性点列举法的操作步骤：

（1）列出发明创新对象的特征。一般事物的特征包括以下三个部分：

①名词特征——全体、部分、材料、制造方法；

②形容词特征——性质、状态；

③动词特征——功能。

（2）从各个特性出发，通过提问，诱发可用于发明创新的创新设想。这时，可采用头脑风暴等方法，产生出众多的设想，然后通过检核、评价，挑选出好的设想。

**作业：**

1. 根据上述案例，谈谈你的想法或受到的启发。

2. 请把你的想法或受到的启发写进创意表里。

3. 请把你的创意做成实物。

# 第四节　头脑风暴法

在我国，头脑风暴法也译为"智力激励法""脑力激荡法""BS 法"等，是美国企业家、创新学家奥斯本于 1939 年首次提出，1953 年正式发表的一种激发性思维的方法。

## 案例 1　如何清除电线上的积雪

有一年，美国北方格外寒冷，大雪纷飞，电线上积满了冰雪，大跨度的电线常被积雪压断，严重影响了通信。过去，许多人试图解决这一问题，但是都没能如愿。后来，电信公司经理应用奥斯本发明的头脑风暴法尝试解决这一难题。

他召开了一场头脑风暴的座谈会，参加会议的是不同专业的技术人员，大家七嘴八舌地议论开来。

有人提出设计一种专用的电线清雪机；有人想到用电热来化解冰雪；也有人建议用振荡技术来清除积雪；还有人提出能否带上几把大扫帚，乘坐直升机去扫电线上的积雪。对于这种"坐飞机扫雪"的设想，大家心里尽管觉得滑稽可笑，但是在

会上也无人提出批评。相反，有一位工程师在百思不得其解时，听到"用飞机扫雪"的想法后，大脑突然受到冲击，一种简单可行而且高效率的清雪方法冒了出来。他想，每当大雪过后，出动直升机沿积雪严重的电线飞行，依靠高速旋转的螺旋桨即可将电线上的积雪迅速扇落。于是，他马上提出"用直升机扇雪"的新设想，顿时又引起其他与会者的联想，有关用飞机除雪的主意一下子又多了七八条。不到一个小时，与会的 10 名技术人员共提出了 90 多条新设想。

会后，公司组织专家对设想进行分类认证。专家们认为设计专用清雪机，采用电热或电磁振荡等方法清除电线上的积雪，在技术上虽然可行，但是研制费用过大、周期太长，一时间难以奏效。那种因"坐飞机扫雪"激发出来的几种设想倒是一种大胆的新方案，如果可行，将是一种既简单又高效的好办法。经过现场试验，发现用直升机扇雪果然奏效。一个久悬未决的难题终于在头脑风暴会中得到了巧妙的解决。

### 案例 2　未来的电扇

中国机械冶金工会举办了一次合理化建议和技术创新工作研讨会，运用头脑风暴法思考"未来的电扇"，36 人在半小时内提出 173 条新设想。其中典型的设想有：带负离子发生器的电扇、全遥控电扇、智能电扇、理疗电扇、驱蚊虫电扇、激光幻影式电扇、催眠电扇、变形金刚式电扇、熊猫型儿童电扇、老寿星电扇、解忧愁录音电扇、恋爱气氛电扇、去潮湿电扇、衣服烘干电扇、美容电扇、木叶片仿自然风电扇、解酒电扇、吸尘电扇、笔记本式袖珍电扇、太阳能电扇、床头电扇、台灯电扇等。

头脑风暴法是指参会者敞开思路，围绕问题积极动脑、积极发言、相互激励，各种设想相互碰撞，形成大量创意的集体活动。

### 一、组织形式

头脑风暴法通常采用会议形式实施，会议要求参加的人尽情地发表意见，充分发挥想象能力，鼓励大家在别人提出设想的基础上进行补充和综合，进一步提出自己的新设想。

（1）参加人数一般为 5 ~ 10 人，最好由不同专业或不同岗位者组成。

（2）会议时间控制在 1 小时左右。

（3）设主持人一名，主持人只主持会议，对设想不进行评论。

（4）设记录员 1 ~ 2 人，要求认真将与会者的每一设想不论好坏都完整地记录下来。

### 二、会前准备工作

（1）会议要明确主题。会议主题提前通报给与会人员，让与会者有一定准备。

（2）选好主持人。主持人要熟悉并掌握该方法的要点和操作要素，摸清主题现状和发展趋势。

（3）参与者要有一定的训练基础，懂得该会议提倡的原则和方法。

（4）会前可进行柔化训练，即对缺乏创新锻炼者进行打破常规思考，转变思维角度的训练活动，以减少思维惯性，从单调的紧张工作环境中解放出来，以饱满的创新热情投入激励设想活动。

### 三、会议原则

为使与会者畅所欲言，互相启发和激励，达到较高效率，必须严格遵守下列原则。

（1）禁止批评和评论，也不要自谦。对别人提出的任何想法都不能批判、不得阻拦。即使自己认为是幼稚的、错误的，甚至是荒诞离奇的设想，也不得予以驳斥；同时也不允许自我批判。要在心理上调动每一个与会者的积极性，彻底防止出现一些"扼杀性语句"和"自我扼杀语句"。比如，"这根本行不通""你这想法太陈旧了""这是不可能的""这不符合某某定律"以及"我提一个不成熟的看法""我有一个不一定行得通的想法"等语句，禁止在会议上出现。只有这样，与会者才可能在充分放松的心境下，在别人设想的激励下，集中全部精力开拓自己的思路。

（2）目标集中，追求设想数量，越多越好。在头脑风暴法实施会上，只要求大家提设想，越多越好。会议以谋取设想的数量为目标。

（3）鼓励巧妙地利用和改善他人的设想。这是激励的关键所在。每个与会者都要从他人的设想中激励自己，从中得到启示，或者补充他人的设想，或者将他人的若干设想综合起来提出新的设想等。

（4）与会人员一律平等，各种设想全部记录下来。与会人员，不论是该方面的专家、员工，还是其他领域的学者，以及该领域的外行，一律平等；各种设想，不论大小，甚至是荒诞的设想，记录人员也要求认真地将其完整地记录下来。

（5）主张独立思考，不允许私下交谈，以免干扰别人的思维。

（6）提倡自由发言，畅所欲言，任意思考。会议提倡自由奔放、随意思考、任意想象、尽量发挥，主意越新、越怪越好，因为它能启发人推导出好的想法。

（7）不强调个人的成绩。应以小组的整体利益为重，注意和理解别人的贡献，人人创造民主环境，不以多数人的意见阻碍个人新的观点的产生，激发个人追求更多、更好的主意。

### 四、会议实施步骤

1. 会前准备

参与人、主持人和课题任务三落实，必要时可进行柔性训练。

2. 设想开发

由主持人公布会议主题并介绍与主题相关的参考情况；突破思维惯性，大胆进行联想；主持人控制好时间，力争在有限的时间内获得尽可能多的创意性设想。

3. 设想的分类与整理

一般分为实用型和幻想型两类。前者是指目前技术工艺可以实现的设想，后者是指目前的技术工艺还不能完成的设想。

（1）完善实用型设想：对实用型设想，再用头脑风暴法去进行论证、二次开发，进一步扩大设想的实施范围。

（2）幻想型设想再开发：对幻想型设想，再用头脑风暴法进行开发，通过进一步开发，就有可能将创意的萌芽转化为成熟的实用型设想。这是头脑风暴法的一个关键步骤，也是该方法质量高低的明显标志。

### 五、主持技巧

（1）主持人应懂得各种创新思维和创新方法，会前要向与会者重申会议应严守的原则和纪律，善于激发成员思考，使场面轻松活跃而又不失脑力激荡的原则。

（2）可轮流发言，每轮每人简明扼要地说清楚一个创意设想，避免形成辩论会和发言不均。

（3）要以赏识激励的词句语气和微笑点头的行为语言，鼓励与会者多出设想，比如，"对，就是这样！""太棒了！""好主意！这一点对开阔思路很有好处！"等。

（4）禁止使用下面的话语："这点别人已说过了！""实际情况会怎样呢？""请解释一下你的意思。""就这一点有用。""我不赞赏那种观点。"等。

（5）经常强调设想的数量，如平均3分钟内要发表10个设想。

（6）遇到参会者才穷计短，出现暂时停滞时,可采取一些措施,比如休息几分钟,自选休息方法,如散步、唱歌、喝水等,再进行几轮脑力激荡。或者发给每人一张与问题无关的图画,要求讲出从图画中所获得的灵感。

（7）根据课题和实际情况需要,引导大家掀起一次又一次脑力激荡的"激波"。如课题是某产品的进一步开发,可以从产品改进配方思考作为第一激波、从降低成本思考作为第二激波、从扩大销售思考作为第三激波。又如,对某一问题解决方案的讨论,引导大家掀起"设想开发"的激波,及时抓住"拐点",适时引导进入"设想论证"的激波。

（8）要掌握好时间，会议持续1小时左右，形成的设想应不少于100种。但最好的设想往往是会议要结束时提出的，因此，预定结束的时间到了可以根据情况再延长5分钟，这是人们容易提出好的设想的时候。在1分钟时间里再没有新主意、新观点出现时，头脑风暴会议可宣布结束或告一段落。

### 六、成功要点

头脑风暴法的成功要点，归纳起来有以下几点。

1. 自由畅想

要求与会者尽可能解放思想，无拘无束地思考问题并畅所欲言，不必顾虑自己的想法是否"离经叛道"或"荒唐可笑"。特别鼓励求新、求异、求奇，与众不同。

2. 延迟评判

主持人会提示大家相互之间不得评判各自所提出来的点子、创意，更不能提反对意见。为什么要这样安排呢？因为在酝酿过程中的创意是幼稚的，有些还是异想天开、可笑的创意，如果一上来就遭到批评和嘲笑，会影响大家的积极性，谁也不敢再说了，会议也会陷入僵局。所以日本创造学家丰泽丰雄曾经一针见血地指出："过早地判断是创造力的克星。"

3. 追求数量

在讨论问题的方案时，鼓励与会者尽可能多而广地提出设想，以大量的设想来保证质量较高的设想的存在。

4. 借题发挥

参加会议的人员不仅要提出自己的创意，同时也要动脑思考如何来改善别人的创意，吸收别人的优点形成更好的创意。

**作业：**

1. 根据上述案例，谈谈你的想法或受到的启发。

2. 以班为单位，由班级商讨确定主题，组织一次头脑风暴。

3. 请把你的创意做成实物。

# 第四章　创新品格

爱因斯坦曾说过："智力上的成就在很大程度上依赖于性格的伟大。这一点往往超出人们通常的认识。"这句话深刻地指出了一个人的品格与其创造的关系。

对于创新者来讲，注重培养自己的创新品格，是不可忽视的问题。

## 第一节　创新品格决定成就

性格、人格、品格在心理学上是通用的，指一个人比较稳定的对现实的态度和习惯化了的行为方式所表现出来的个性心理特征的总和。表述为人格时，偏重于个性特征的评判；表述为品格时，偏重于道德标准的评判。

创新品格是人们在创新中所表现出来的坚韧、情感、自信心、目标、兴趣等性格特征，是创新精神的重要组成部分。

### 一、创新者应该具有高尚的创新品格

创新者首先要具备有益于民族、有益于社会、有益于他人的创新品格。原因并不是因为创新品格不高的人或是无创新品格的人不能搞出创新，而是因为只有创新品格高尚的创新者才能够在创新的过程中，把自己的创新才智与民族的进步、国家的富强联系起来，在利国、利民的前提下体现自身的价值。

#### 案例1　创新智慧用错了地方

个别人没有把握好创新品格的大方向，他们利用自身创新的能力或优势把创新的路子走歪了。比如，新鲜鱼在常温下高密度运输的存活时间是8小时。鱼市从早上开市到下午休市至少也得卖一天，怎么算都无法控制在8小时之内。怎么办？个别利欲熏心的创新者就在运输途中加孔雀石绿。孔雀石绿是一种工业染料，还可以用来炼铜，杀菌效果很好，又便宜，但是对人体有致癌作用。

泥鳅、鳝鱼在市场上畅销，很多人走上了养殖泥鳅、鳝鱼的道路。但个别极少数利欲熏心的创新者在养殖泥鳅、鳝鱼的过程中，就探索研究用避孕药催熟。

物价上涨，大排档只能在价格上发挥优势。个别不法分子就向大排档的老板销售潲水油，而且有很完善的分销网络。有负责收购的、负责运输的、负责加工的，等等。

从苏丹红到肝炎病毒矿泉水，从"阜阳大头娃娃"到"三鹿奶粉事件"……这是把创新智慧用错了地方，结果造成食品安全隐患。

不管对他人会有什么伤害、对社会会有什么影响，一味地去追求个人的利益，这样的创新者是为人所不齿的。

### 案例 2  全国抗击新冠肺炎疫情表彰大会

2020 年 9 月 8 日上午，全国抗击新冠肺炎疫情表彰大会在北京人民大会堂隆重举行。为了隆重表彰在抗击新冠肺炎疫情斗争中作出杰出贡献的功勋模范人物，弘扬他们忠诚、担当、奉献的崇高品质，根据第十三届全国人民代表大会常务委员会第二十一次会议的决定，授予钟南山"共和国勋章"，授予张伯礼、张定宇、陈薇"人民英雄"国家荣誉称号。

像钟南山、张伯礼、张定宇、陈薇那样，把自己的创新才智贡献给社会的人士大有人在，他们为我们树立了光辉的榜样。每一个创新者都应该向他们学习，将自己创新的新方法、新工艺、新产品服务于社会，给国家带来一定的社会、经济效益，在精神方面，给国民带来民族自豪感。在国家强盛的前提下，才能够谈到公民的幸福和富有。同时也只有在这样的大环境下，把自己的才智奉献给社会，才有自己的经济效益，这才是创新追求的正确方向。

### 案例 3  毒奶粉事件

三鹿奶粉是三鹿乳业集团的主要开发产品。三鹿奶粉在 2008 年因三聚氰胺事件被严查。截至 2008 年 12 月 2 日，全国累计报告因食用问题奶粉导致泌尿系统出现异常的患儿共 29.40 万人。

2008 年 9 月 8 日甘肃岷县 14 名婴儿同时患有肾结石病症，引起外界关注。至 2008 年 9 月 11 日甘肃全省共发现 59 例肾结石患儿，部分患儿已发展为肾功能不全，同时已死亡 1 人，这些婴儿均食用了三鹿牌 18 元左右价位的奶粉。而且人们发现两个月来，中国多省已相继有类似事件发生。国家卫健委高度怀疑三鹿牌婴幼儿配方奶粉受到三聚氰胺污染，三聚氰胺是一种化工原料，可以提高蛋白质检测值，人如果长期摄入会导致人体泌尿系统膀胱、肾产生结石，并可诱发膀胱癌。

事后，三鹿集团承认经公司自检发现2008年8月6日前出厂的部分批次三鹿婴幼儿奶粉曾受到三聚氰胺的污染，市场上大约有700吨，同时发布产品召回声明。

事件曝光后，中华人民共和国国家市场监督管理总局对全国婴幼儿奶粉三聚氰胺含量进行检查，结果显示，有22家婴幼儿奶粉生产企业的69批次产品检出了含量不同的三聚氰胺，被要求立即下架。

在经济利益的驱动下，个别创新者利用自身的能力损害了国家利益和民族利益。其结果不仅给别人造成了较大的人身伤害和经济损失，而且也将自己送进了高墙之内。毒奶粉事件就是典型的事例。

**二、创新品格的最高境界是"忍让"**

生活中有10%的事情是我们无法掌控的，而另外90%的事情都是我们能掌控的。这是"费斯汀格法则"。

中小学教育阶段正是培养青少年创新品格的黄金时段。在学校管理情绪、避免口角纷争、避免拼爹炫富、杜绝校园欺凌、树立正确的金钱观等，这些都是中小学生需要培养的创新品格。

### 案例1　酒后失控引发悲剧

2017年4月29日晚上8点多钟，从云南大学医院看望外婆准备回家的马某和自己的准新娘刘洁走到3号住院楼下时，遇到醉酒的男子叶某某，双方发生口角争执。

"心情不好，不要冲着陌生人发脾气……"马某对醉酒的男子说。

听到争吵，其他路人也过来劝说。

"突然，叶某某从背的双肩包里，掏出一把瑞士军刀来。"马某说，他和女友都不知道对方拿出刀来，在争吵中，对方用刀一阵乱刺。

刘洁倒在了地上，看到女友倒地，对方撒腿就跑，马某大声喊，"杀人啦！杀人啦！快救救我女朋友！"。

刘洁因抢救无效于当夜死亡。

人在遇到不顺心的事的时候，如果不能管住自己的情绪，就会引发一系列恶性事件，最终引发"祸不单行"的惨案。心情不好，是应该注意管理坏情绪时的重要标志。

管理情绪是培养创新品格的重要内容。会管理情绪的人，不是不能生气，而是可以难过、忧伤、发脾气、哭泣，因为一个人只有体验了情绪，才能真正认识情绪，然后学会控制和发泄情绪。但是，释放情绪一定要得当——不能伤害他人！

儒家思想强调"修身、齐家、治国、平天下"，开发、发挥创造力强调培养创新品格。拥有良好的创新品格基础，才能学好创新思维和创新方法，才能开发和发挥好创造力。一个人学会了创新的方法技巧，在正是为国家、社会、他人做贡献的年龄，却像叶某某那样因为释放情绪不得当而伤害到了他人，因此受到法律的制裁而让自己的创新之路走上弯道或戛然而止，同时也给家庭带来痛苦，这样的事值不值？肯定是不值的，所以要学会忍让。忍让不是懦弱，不是逃避。创新者要牢记"只有为民族、为社会、为他人积极地贡献出自己的创新智慧，这样的创新才有意义和价值"。

### 案例 2　良言一句三冬暖，恶语伤人六月寒

有一个囚犯，在服劳役修路时，捡到 1000 元钱，他立即把钱交给监管警察。意想不到的是，对方却满脸鄙夷地对他说："拿自己的钱变戏法来讨好，企图找资本减刑，你别来这一套！"囚犯心灰意冷，心想在这个世界上没人相信自己了。晚上，他越狱了。在逃跑途中，他大肆抢劫，并登上开往边境的列车。列车太挤，他只得站在厕所门口。这时，一位十分漂亮的姑娘去上厕所，关门时发现门扣坏了，她很有礼貌地对他说："先生，你能为我把门吗？"他一愣，看到姑娘那纯洁无邪的脸，他点了点头。他像一位忠诚的卫士，把守着门。就因为姑娘的这句话，使他突然改变了主意。在下一站，他下车到派出所去投案自首了。

### 案例 3　"我爸是李刚"

2010 年 10 月 16 日晚，一辆黑色大众迈腾轿车在河北大学校区内撞倒两名女生，造成一死一伤，司机不但没有停车，反而继续去校内宿舍楼送女友。返回途中被学生和保安拦下，肇事者李启铭不但没有关心伤者，而且态度冷漠嚣张，高喊："有本事你们告去，我爸是李刚！"

像李启铭这样拼爹炫富的行为，在当今中小学学生当中并不少见。这样的行为不仅伤害自己，也会给父母带来麻烦。不拼爹、不炫富，低调做人是对我们最起码的要求。

### 案例 4　金钱教育

金钱教育，本质上是教我们如何正确对待"获得"和"拥有"。罗伯特在《富

爸爸穷爸爸》一书中，总结了没有金钱意识的孩子长大后会碰到的四个问题：一是没有节制消费意识；二是没有需求排序意识；三是没有投资意识；四是没有危险意识。

美国摩根财团的创始人老摩根，对子女的要求非常严格，规定孩子每月的零花钱必须通过干家务活来获得，于是每个孩子都抢着干活。老摩根当然不是吝啬，他是要让孩子通过劳动明白天上不会掉馅饼，每一分钱都来之不易。而知名富商洛克菲勒家族的家训是："把你所有的钱当作辛苦钱。"我们只有先学会珍惜金钱，才会懂得正确花钱，买合适的、值得的，而不是胡乱挥霍。

儿童心理学家指出，孩子在童年时期建立良好的金钱观念将得益一辈子。"只有先付出才会有回报，靠努力和劳动所得"，这是不论贫富都应具备的正确的金钱观念。一个有着正确金钱观的孩子，长大之后才能禁得住各种诱惑，不会被金钱蒙住心智，能挣钱、会花钱，懂得"君子爱财，取之有道"的道理。

**作业：**

1. 根据上述案例，谈谈你的想法或受到的启发。

2. 请把你的想法写下来。

## 第二节　科学家失败的教训

根据心理学家的调查研究，创新人才的培养除了与智力因素有关以外，也不能忽视创新的动力因素。所谓动力因素，就是推动人们运用创造力作用于客观对象的创新品格因素，即个性特征。有了它，人们的创造力就像安装了"发动机"，创造力的很多因素才能发挥"综合效应"的功能。相反，如果创新者不重视对创新动力因素的培养，即使是科学家也有失误的时候，而其教训是深刻的。

### 案例1　维勒错失良机

1830年，德国化学家维勒在研究墨西哥出产的一种褐色矿石时，发现一些五彩斑斓的金属化合物，它的一些特征和以前发现的化学元素"铬"非常相似。对于铬，维勒见得多了，当时就没有在意。1831年，瑞典化学家琴夫斯特木在本国的矿石中，也发现了类似"铬"的金属化合物。他并不是像维勒那样把它扔到一边去，而是经过无数次实验，证实这是前人从来没有发现的新元素——"钒"。由于维勒在创新人格上存在瑕疵——一时疏忽，便错失了良机，把钒的发现拱手让给了瑞典化学家

琴夫斯特木。

维勒的老师柏采里乌斯给他写过这样一封信："在北方一所秘密的房子里，住着一位绝顶美丽的女神，她的名字叫凡娜迪斯。有一天，一位小伙子来敲她的房门，试图向她求爱。但是，这位女神听到敲门声以后，仍旧舒服地坐着，她心里想：'让来的那个青年再敲一会儿吧。'但是，敲门声响了一次就停止了，敲门人没有坚持敲下去，而是转身走下台阶去了。这个人对于他是否被女神请进去显得满不在乎。'他究竟是谁呢？'女神觉得很奇怪，她匆匆地走到窗口，想去瞧瞧那位掉头离去的小伙子，'啊！'女神惊奇地自言自语道：'原来是维勒！好吧！让他白跑一趟是应该的，如果他不那么淡漠，我会请他进来的，你看他那股劲，走过我窗子的时候，竟没有向我的窗口探一下头……'过了一段时间，又有人来敲门了。这次来敲门的人和维勒大不相同。他一直敲个不停。最后，女神只好开门迎客。进来的是英俊的小伙子琴夫斯特木，他和女神相爱了。他们结合以后，生下了新元素'钒'"。

读罢老师的信，维勒只有摇头叹息。假如维勒不缺少"细心"的创新品格，忍一忍，再坚持一下，把这种现象与"铬"进行比较研究，发现化学元素"钒"的机会就不会拱手他人。

### 案例2　费马大定理

1621年，大数学家费马突然萌发灵感，提出了一个简单而新奇的数学定理：

当整数 $n > 2$ 时，方程式" $X^n + Y^n = Z^n$ "没有正整数解。

就是说，没有一组正整数 $X$，$Y$，$Z$ 能满足上面的方程式。费马在一本书的页边上写下了这个定理，并且自豪地说："我得到了这个定理的惊人的证明，但这页边太窄，不容我把证明写出来。"

费马把这件事放下了。但自那以后，费马自己也没有重新想起这一难得的灵感，结果害得300多年来许多人为它绞尽脑汁，直到1995年，费马逝世300多年后，英国数学家怀尔斯才证明了费马大定理。

假如费马当机立断，不缺少"坚韧"的创新品格，不拖拉，不放下这件事，把证明写出来，也不至于等到 300 多年后英国数学家怀尔斯才证明费马大定理。

### 案例 3　福尔顿的失误

当年科学家福尔顿选择了固体氦热传导度的研究课题。他设计了科学的测量方法和合理的实验装置，并且让助手一丝不苟地按照实验步骤操作。不久，助手将实验报告交到了他手上。他对记录得井井有条的实验报告表示赞赏。但当他看到实验报告的最终结果时，不禁叫了起来："不可能，这决不可能！"原来，实验所测得的数值是人们一直认定的数值的 500 倍。重复实验的结果依然如此，福尔顿仍然不相信这是事实。在他看来，测得的数据与同行专家测得的数据相差太大，一定是自己的实验方法或实验装置出了什么毛病。于是，福尔顿决定不将那个实验报告公开发表。

天下的事情竟有那么凑巧。就在福尔顿研究固体氦的热传导度问题时，美国有一位年轻的科学家对固体氦热传导度问题也有兴趣。他在对固体氦热传导度的测量中，也获得了与福尔顿一样的测量结果。这位年轻的美国科学家相信奇迹已经发生，他欣喜若狂地将自己的实验结果公之于世，新的发现立即引起物理界的注目。这位年轻的美国科学家也因此发明出一种新的热传导度测量法。福尔顿得知此事后，追悔莫及，懊恼自己不该缺乏自信，否则固体氦热传导度是已有理论所认定数值的 500 倍这个新发现的荣誉就是自己的。

假如福尔顿不缺少"自信"的创新品格，坚信"实验所测得的数值是人们一直认定的数值的 500 倍"的结果，敢于对外宣传发布，"固体氦热传导度是已有理论所认定数值的 500 倍"这个新发现的荣誉就不会拱手让给他人。

创新最重要的任务是培养一个有健全品格、身心健康的人。一个人不"修身修心"，不能"文化自觉"，学再多的创新思维和创新方法也没有用。即使掌握了创新思维和创新方法，也会与发明创新成果失之交臂，体会不到创新带来的快乐，也体现不出自我价值感。

**作业：**

1. 根据上述案例，谈谈你的想法或受到的启发。

2. 请把你的想法写下来。

## 第三节　培养创新品格

具有优秀创新品格的人，才是真正的创新强者。创新者最大的敌人是自己，不战胜自己则不能战胜创新中可能遇到的困难，战胜自己需要培养优秀的创新品格。从前人的经验和心理学家的研究发现来看，兴趣、目标、信念、自信、情感、坚韧就是创新品格的内容。

### 一、培养兴趣

我们经常发现这样的情况，小孩对某种事物发生浓厚的兴趣，并特别喜欢它的时候，他的能力往往能够得到超常的发挥。有的小孩特别喜欢机械类的东西，比如，见到一个从来都没有见过的大型玩具车、玩具船，其结构还是较为复杂的，但他可以拆装自如。而大一些的少年，从未摸过手机、电视机、电脑之类的玩意儿，鼓捣几番之后也能还原。这些，其实都是因为兴趣所至，兴趣使他对这类事物有了特殊的敏感，同时，他的大脑神经也处在一种积极、亢奋的状态之中。

### 案例1　米利肯成功的阶梯

诺贝尔物理学奖得主罗伯特·安德罗·米利肯在小时候看到伐木工人飞速跳上木排，把一条跃上水面的鱼轻巧地逮住了，这情景引起了米利肯的兴趣。以后，每逢父亲把船停在河岸边时，他就在船头和系船的码头之间跳来跳去。一次，他从船上纵身一跳，想跳回到岸上，由于船后退了，结果他摔到河里。父亲赶忙把他救起，给他擦干身上的水渍。米利肯盯着父亲好奇地问："爸爸，为什么我向前跳，而船却向后退呢？""那是因为你纵身向前跳时，对船有一种反向推动作用，船在水中就向后移动，这种现象物理学上叫'反冲现象'。由于船身后移，使你跳的速度变小了，所以你就

掉进水里了。"听了这番话，米利肯高兴得两眼眯成一条线。多么有趣的"反冲现象"，它竟能把人抛到河里去！这对他来说实在是太奇怪了，印象太深刻了。日后回忆起这件事的时候，他风趣地说："这是我上的第一次'反冲现象'课。"

米利肯8岁那年，父母把这个机灵的孩子带到了费城。对费城的一切，米利肯极感兴趣，而他最感兴趣的就属电话了。当他从父亲那儿听说贝尔公司要举办一个展览会时，就打定主意自己也做个"电话装置"。父亲热情地支持他："希望你成为一个小小的电话专家！"父亲的赞语，在米利肯的心上燃起了强烈的试验的火焰。他做了两个纸筒，在底面糊上纸，然后用纱线代替导线串着，在100米的距离内和邻居的孩子通话。当然，他这部再简单不过的"电话装置"没能拿到展览会去展览，但他对科学研究感兴趣的幼芽却由此一点点萌生，伴随着米利肯从读书学习到科学研究，从少年时代到青年时代。

## 案例2 手冢治虫

日本的很多漫画迷都知道手冢治虫的名字，他是日本的一个漫画家。他的经典作品之一《怪医黑杰克》，其内容除了具有丰富的医学背景以外，在每个关于怪医黑杰克的故事里都流露出手冢先生对生命的感动和对人世的关注。除了《怪医黑杰克》，他的作品《原子小金刚》《小白狮王》也是脍炙人口的经典。另外，手冢治虫也是世界上少有的拥有医学博士学位的漫画家。大家一定会惊叹一个医学博士怎么会有那么丰富的创造力？这是因为手冢治虫从小就对很多事物感兴趣，充满了好奇心。像演戏、摄影、捉昆虫、弹吉他、写小说、探访遗迹、玩无线电、编杂志、拍电影、玩田径、观看星象等，任何人们觉得有趣而好玩的事情，几乎都有他涉猎的足迹，他可说他是一位"全能大师"。

手冢治虫对未知事物的兴趣，对他的创作有很大的帮助。手冢治虫从小到老都喜欢问"为什么""然后呢"，所以他的作品都充满了新鲜的创意。

## 案例3 祖冲之成为数学家、天文学家之谜

从小祖冲之的脑袋里就充满了各种奇思妙想，对于天地之间的秘密非常感兴趣。

有一天，祖父带祖冲之去拜访一个精通天文的官员何承天。何承天很喜欢聪明伶俐的祖冲之，就问祖冲之："研究天文不但辛苦，而且既不能靠它升官，也不能靠它发财，你为什么还要钻研它呢？"

祖冲之挺着小胸脯说："我不求升官发财，只想弄清天地的秘密。"

打那以后，祖冲之经常去找何承天研究天文历法和数学，还研究各种机械制造等，通过刻苦的钻研和丰富的实践，祖冲之终于成为杰出的数学家、天文学家。

兴趣是人的精神对特定对象或某种事物的喜爱和趋向，是人在探索、认识某种对象的活动中产生的一种乐趣。这种乐趣能使人得到极大的满足，从而促进人们注意力的高度集中，达到忘我的程度。一个对创新毫无兴趣的人，必然畏惧学习的过程，不可能有如醉如痴、废寝忘食、战胜一切困难的精神和劲头，当然不会有创新成果。

创新兴趣是指能够启动、调整心理活动各种要素，全力驱动和指向创新目标，使之进行兴奋、愉悦、紧张的创新活动的心理状态。创新兴趣所带来的深厚积累，更使你对事物保持着一种特殊的敏感，从而出新、出奇、出惊人的成绩。

兴趣对一个人创新成功有非常大的影响。

## 二、培养目标

正如空气对于生命一样，目标对于创新也有绝对的必要。如果没有空气人不能生存；如果没有目标，也就没有创新。

目标是取得创新成功的首要条件。目标一旦确定，人的潜意识就会遵循普遍规律进行工作。那时人就会变得敏锐爱思考，并富于创造性。

### 案例1　爱因斯坦的目标

爱因斯坦小时候家境贫寒，加上自己小学、中学的学习成绩平平，虽然有志向科学领域进军，但他知道自己必须量力而行。他对自己进行了自我分析：虽然总是成绩平平，但对物理和数学有兴趣，成绩较好。因此，只有在物理和数学方面确立目标才能有出路，其他方面是比不上别人的。于是，在读大学时，他选读了瑞士苏黎世联邦理工学院的物理学专业。

由此，爱因斯坦就确立了自己的目标。为了实现目标，爱因斯坦付出了极大的努力，并最终取得了令人瞩目的成就：20岁时，他发表了科研论文《分子尺度的新测定》，以后几年他又相继发表了4篇重要科学论文，发展了普朗克的量子概念，提出了光量子除了有波的性状外，还具有粒子的特性，圆满地解释了光电效应，宣告狭义相对论的建立，并引发人类对宇宙重新认识的重大变革。爱因斯坦取得了前人未有的显著成就。

从爱因斯坦取得的成功可以看出，确立目标对一个人的重要性。假如爱因斯坦当年在文学上或音乐上彷徨，这也去学几天，那也去学几天，恐怕我们就不知道爱因斯坦的存在了。

## 案例 2　分割目标

当记者询问日本一位著名的马拉松运动员获得冠军的秘诀时，这位运动员只轻轻地说了一句："凭智慧"。那么，冠军的智慧是什么呢？十年后，这个谜在他的自传中找到了答案。比赛的时候，他并不是把离起点几十公里的终点看成终点，而是在比赛沿途定下若干个点，每一个点是一个终点，每一个点也是起点。这样，初冲出起跑线的那种感觉，那种意识，在每一个点上都得以持续。而每接近一个点时，那种冲刺的感觉，拼搏的意识，在终点尚未来临时已经加强，这样也就胜券在握了。

把距离分割成若干段短距离，把目标分割成若干个小目标，这是世界冠军战胜对手的智慧，沿途的一个个小目标铺就了世界冠军成功的道路。

创新同样如此，首先要确定一个阶段的目标，一个学年的目标，一个学期的目标，一个月的目标，一个星期乃至一天学习发明创新的目标，这样，学习起来才有努力的方向，才会全身心地投入，才能把发明创新当成一种享受，才能真正体验到发明创新带来的乐趣，才会创有所思，创有所得，创有所成。

## 案例 3　洛克菲勒的目标

约翰·洛克菲勒小时候家里过着不安定的日子，一次又一次的被迫搬迁，历尽艰辛横跨纽约州的南部。可他却有一种步步上升的良好感觉，镇子一个比一个大，一个比一个繁华，也一个比一个更给人以希望。

1854 年，15 岁的洛克菲勒来到克利夫兰的中心中学读书，这是克利夫兰最好的一所中学。据他的同学后来回忆说："他是个用功的学生，严肃认真、沉默寡言，从来不大声说话，也不喜欢打打闹闹。"

不管有多孤僻，洛克菲勒一直有他自己的朋友圈子。他有个好朋友，名叫马克·汉纳，后来成为铁路、矿业和银行三方面的大实业家，当上了美国参议员。

洛克菲勒和马克·汉纳，两个后来影响了美国历史的大人物，在全班几十个同学中能结为知己，不能说出于偶然。美国历史学家们认为，他们两人的天赋都与众不同，一定是受了对方的吸引，才走到一起的。

表面木讷的洛克菲勒，其内心的精明远远超过了同龄人。汉纳通常说个不停，而洛克菲勒则是他忠实的听众。汉纳口才不错，关于赚钱的许多想法也和洛克菲勒不谋而合，只是汉纳善于表达，而洛克菲勒习惯沉默罢了。有一次，马克·汉纳问他："约翰，你打算今后挣多少钱？"

"10万美元。"洛克菲勒不假思索地说。

汉纳吓了一跳，因为他的目标只有5万美元，而洛克菲勒整整比他多出一倍。

在当时的美国，1万美元已经够得上是中产阶级了，可以买下几家小型的工厂和500英亩以上的土地。而在克利夫兰，拥有5万美元资产的富豪屈指可数。约翰·洛克菲勒开口就是10万美元，瞧他轻描淡写的模样，仿佛10万美元只是一个小小的开端。

当时同学们都嘲笑这个开口就是10万美元的家伙非常狂妄，殊不知，不久的将来，洛克菲勒真的做到了，而且不是10万，是亿万！

在小小的洛克菲勒心目中，他就将自己的财富目标定在很高的位置。最终，也获得了比别人高出亿万倍的成就。

目标是一个人在众多的社会需要中选择出来，并设法去满足的那种社会需要，它是一个人行动的方向。

### 三、培养信念

信念意味着个人对某种观念的深刻理解，并对其怀有深刻而持久的情感体验，它使人的行为具有明确的目的性，表现出很强的意志力。人们的发明创新活动，一般是在某种信念的强烈支配下完成的。在追求目标的过程中，必然会有许多的挫折和困难，要想坚持到底，不半途而废，则必须有很强的信念作支撑。许多人之所以能在某一领域取得重大成就，获得创新的巨大成功，就是因为他们心中有一种矢志不渝的信念，这种信念使他们坚持到最后的胜利。

### 案例1  李白发愤读书

唐朝诗人李白，小时候不喜欢读书。一天，趁老师不在书屋，他悄悄溜出门去玩。他来到山下小河边，见到一位老婆婆在石头上磨一根铁杵。李白很纳闷，上前问："老婆婆，您磨铁杵做什么？"老婆婆说："我在磨针。"李白吃惊地问："哎呀！铁杵这么粗大，怎么能磨成针呢？"老婆婆笑呵呵地说："只要天天磨，铁杵就能越磨越细，还怕磨不成针吗？"李白听后，想到自己，心中惭愧，转身跑回了书屋。

从此，他牢记"只要功夫深，铁杵磨成针"的道理，发愤读书，终于成为一位伟大的诗人，并被称为"诗仙"。

### 案例 2  袁隆平培育杂交水稻

被誉为全球"杂交水稻之父"的袁隆平在三年困难时期，曾看到无数农民被活活饿死，感到一种深沉的使命感，于是他立下志愿：我一定要想办法让农民能够多打粮，摆脱饥饿。正是在这种强烈的信念支配下，他年复一年、日复一日地从事着单调而繁重的劳动——培育杂交水稻。经过 10 年的艰辛，他终于培育出了籼型杂交水稻。这一品种在短短的几年内，就为国家增产粮食 1000 多亿千克。它作为我国第一项出口技术转让给美国，比当地良种增产 37%；日本、阿根廷、巴西、印度等国家也相继引进试种，增产都在 20% 以上。

### 案例 3  最后一片树叶

美国著名作家欧·亨利有一篇脍炙人口的短篇小说，题目叫《最后一片树叶》。

女画家乔西安患了绝症，躺在医院的病床上。她的朋友休易在陪护着她，休易也是一位画家。这天，休易来到病房看见乔西安侧身躺着面向窗外，她以为乔西安睡着了，就在旁边悄悄地画起画来。可是，她不时听到一种微弱的声音。

休易来到病床前，看见乔西安并没有睡着，她正睁大了眼睛看着窗外，嘴里还不时地数着："12，11……"休易觉得很奇怪，看着窗外，除了空落落的冷落的院子，几米开外的一堵墙及趴在墙上那条老藤之外，再没有什么了。而且老藤上的藤叶也已掉得差不多了。于是，休易问："怎么了？"

"8，7……"乔西安还在数着。"越来越少了，藤叶只剩下 6 片了，等最后的一片掉下来，我的生命也就结束了。"乔西安低声说着。

"快别胡思乱想了，你的病马上就会好起来的。"休易安慰道。

乔西安依然望着窗外自言自语着："又掉了一片，还剩下 5 片了。天黑之前最后一片能掉下来就好了，我也不用再等了，太累了，太累了……"乔西安等待着那最后一片落叶的飘落，也在悄然地等待着自己生命的终结。

她的心事被隔壁病房的一位老人听说了，老人也是一位画家，面对这个即将随风飘逝的年轻的灵魂，老人在想：我该为她做点什么呢？这一天慢慢地过去了，天渐渐黑了下来，乔西安再次望向窗外的时候，依稀看见还有一片叶子挂在藤上。夜里，北风又起，秋雨敲打着窗棂。第二天一大早，乔西安迫不及待地拉开窗帘，啊，还好，最后的一片叶子居然还在！它仿佛给了乔西安巨大的能量，从那天以后，她求生的欲望日渐强烈，最后，乔西安终于战胜了病魔。出院之后，她才知道，那最后的一片叶子是隔壁的老人画的一片假树叶，然后挂在藤上的。

她站在藤下，被老人感动了。

其实，乔西安真正要感谢的除了那位老人之外，更应该感谢的是她心中的那份信念。真正有生命力的不是那片树叶，而是她求生的信念。

信念是个人对某种观念的执着，即对某种观念的坚信不疑并用以指导自己的行为。信念是取得创新成功的巨大精神支柱。

## 四、培养自信

高尔基说："只有满怀自信的人，才能在任何地方都把自信沉浸在生活中，实现自己的意志。"自信能催人奋进，自信是创新者的力量源泉，只有当一个人对他所从事的事业充满自信时，才会有积极的态度去创新。

### 案例 1　李四光的自信

长期以来，中国被世界认为是一个"贫油"的国家。当中国开始执行第一个五年计划的时候，李四光在仔细分析了中国地质条件后，深信在中国辽阔的领域内，天然石油资源的蕴藏量应当是丰富的，关键是要抓紧做好石油地质的勘探工作。

他提出应当打开不限于西北一隅找石油的局面，在全国范围内开展石油地质普查工作，不是找一个而是要找出几个希望大、面积广的可能含油区。他找石油的指导思想是，先找油区、后找油田。

李四光通过研究指出了三个希望最大的可能含油区，即：青、康、滇地带，阿拉善——陕北盆地，东北平原——华北平原。李四光提出应该首先把柴达木盆地、四川盆地、伊陕台地、阿宁台地、华北平原、东北平原等地区作为普查找油的对象。特别是在将东北平原、华北平原先后突破之后，他更加坚定了中国具有丰富的石油资源的信心，为中国寻找石油建立了不可磨灭的功勋。李四光靠自信和自强粉碎了"中国贫油论"。

## 案例 2　邓稼先的自信

1949 年 10 月 1 日，新中国成立了。面对着百废待兴的中华大地，党和人民倾注了巨大的热情建设这个新兴的社会。邓稼先也怀着对祖国的一片赤子之心，从大洋彼岸的美国冲破重重阻碍，回到了自己热爱的这片土地。

当年的美国曾经给出了优厚的待遇，希望邓稼先能够留在美国。当时的邓稼先抛弃了锦衣玉食的优厚生活，义无反顾地投身一片废墟的祖国。1958 年，当他得知要参与原子弹的研究时，他激动万分，甘愿隐姓埋名一辈子，就连自己的妻子都需要瞒着。经过 5 年时间艰苦卓绝的拼搏，1964 年 10 月，中国成功爆炸了第一颗原子弹！

从此，中国再也不用害怕其他国家的核讹诈，从那一刻起，中国人的脊梁才是彻彻底底地挺直了！可以说，邓稼先在那样艰苦的岁月里，不仅对能搞出原子弹充满了自信，而且给了中华民族前所未有的自信！

## 案例 3　比尔·盖茨创办微软公司

1975 年，就读于哈佛大学法律系二年级的比尔·盖茨产生了一个特别的想法，他认为个人计算机体积小、价格低，可以进入普通家庭，因而有可能引起一场深刻的革命。

当时统治计算机王国的是 IBM 公司，在他们看来，比尔·盖茨的想法简直荒谬至极。IBM 认为，微型个人电脑不过是小玩意儿，只能玩玩游戏，操作简单应用，难登大雅之堂，领导计算机发展潮流的只能靠大型机、巨大型机。

但比尔·盖茨坚信自己对计算机发展趋势的预测，毅然从哈佛大学退学，创办了后来举世闻名的微软公司。

试想，如果当时比尔·盖茨因为遇到"权威"的质疑就怀疑自己的想法，微型计算机的诞生恐怕要推迟很多年。许多创新的想法开始多遭到世人的怀疑，如果大家都认为是很正常的事情，创新也就无从谈起了。只有具备极强的自信，才会将自己的想法付诸实践，实现创新。

自信在心理学上是我们对自身行为能力与价值的客观认识，是一种健康向上的心理品质，更是品格的重要组成部分。它影响我们品格的健全发展，是我们自我意识不断成熟和发展的标志。而父母的鼓励和肯定，是我们自信的最初来源，它就像一束亮光，能穿越黑暗，照亮我们的一生。在发明创新中，自信会发出更加强大的作用。如果缺乏自信，就有可能造成重大的发明创新成果与自己擦肩而过，失之交臂。

自信就是自己相信自己。只要你在某件事情上认为自己是对的，或者认为自己能做某件事就可以拥有自信。

自信鼓励我们去把握那些有根据的机会。

### 五、培养情感

情感有不同的分类法，或分为爱、恨、快乐、愤怒、恐惧、悲哀、厌恶、羞耻、惊讶；或分为道德感、理智感和美感。情感是人的心理反应，一般没有固定的价值定位，它的得失，就看人的自我调节。

情感可以左右每个人的思维和行为，直接影响到个人的创新成就，所以我们不能随心所欲，只凭习惯去运用它，必须要用头脑、理智去驾驭情感、调节情感，使之有益于我们的创新活动。

### 案例1　黑猩猩

很多专家曾断言，人们无法对野生黑猩猩的生活奥秘进行探索和研究，因为黑猩猩居住在难以穿越的茂密森林中，研究者将遭遇各种各样的危险与困难。20 世纪 60 年代初期，从坦桑尼亚传来消息：有一位刚刚走出校门名叫珍妮·古多尔的英国姑娘，怀抱为科学献身的崇高理想，放弃了优越的工作，远离繁华的都市，只身进入非洲丛林与黑猩猩为伍。

一个年轻姑娘，独自进入原始森林研究黑猩猩并与之为伴，其中所遇的困难可想而知。如果她对黑猩猩没有情感，她是不可能做到这一点的。后来，珍妮·古多尔获得了成功，她的名字永载史册。因此，一个人对某一方面要想有所作为、有所创新，就必须对某一方面要有情感。

### 案例2　盛田昭夫

索尼公司董事长盛田昭夫是开发新产品的能手，在他领导下的索尼公司能够在短短的 20 多年里，发展成为世界一流的大企业，是与他不断开发新产品息息相关的。

有一次，盛田昭夫看到索尼公司的创办人之一井深大提着一部笨重的录音机，并戴着一副耳机，迎面走来。他感到很奇怪，问井深大："你这是怎么一回事？"

"我喜欢听音乐，但又怕影响别人，所以只好戴上耳机；可是我又不愿整天待在房里，所以只好提着录音机到处跑了。"井深大回答。

言者无意，听者却有了"感觉"。浸泡在商海中而深谙商情的盛田昭夫敏锐地感觉到井深大的话产生了一种新产品的需求，刹那间，新产品"随身听"的灵感就在他的脑海里回荡。

毫无疑问，这种感觉、这种直接顿悟到的产品，完全是盛田昭夫非理性思考而获得的东西，别人简单的日常回答，却触动了他的经营神经。这就叫"在山识鸟音，在水知鱼性"。优秀的创新者必知创新，因为他们的情绪、感觉，时时处处都与创新水乳交融地结合在一起了。这种水乳交融，就是对创新的情感。

## 案例3　摩根

著名金融家摩根对赚钱达到了痴迷的程度，他一直有一个习惯，每当黄昏的时候，就到小报摊上买一份载有股市收盘的当地晚报回家阅读。他说："有些人热衷于研究棒球或者足球的时候，我却喜欢研究怎么赚钱。"

在谈到投资的时候，摩根总是说："玩扑克的时候，你应当认真观察每一位玩者，你会看出一位冤大头。如果看不出，那这个冤大头就是你。"

他从来不乱花钱去做自己不喜欢的事情，而总是琢磨怎么赚钱的办法。有的同事开玩笑地说："摩根，你已经是百万富翁了，滋味如何？"

摩根的回答却让人玩味：

"凡是我想要的东西而又可以用钱买到的时候，我都能买到，至于其他人所梦想的东西，比如名车、名画、豪宅我都不为所动，因为我并不想要。"

摩根并不是一个为金钱而生活的人，他甚至不需要金钱来装饰他的生活，他喜欢的仅仅是游戏的感觉，那种一次次投入资金，又一次次地通过自己的智慧把钱赚回来的感觉，充满了风险和艰辛，但是也颇为刺激，他喜欢的就是刺激。

摩根说："金钱对我来说并不重要，而赚钱的过程，即不断地接受挑战才是乐趣，不是要钱，而是赚钱，看着'钱滚钱'才是有意义的。"

创新就要像摩根对赚钱有情感一样，要对创新产生情感。良好的情感为人的创新活动提供强有力的支持，情感有问题，创造力相应会受到影响。

情感是人对客观事物的态度、体验及相应的行为反应。情感使人对一个事物产生动机，适应社会并给他人提供交往信息。

### 六、培养坚韧

在创新过程中，创新者要克服许多困难，或甘于枯燥无味的劳动，或面对周围环境的不理解和怀疑，或面临现有知识的局限，或出现财力上的拮据，或忍受身体上的疾病等，在所有的困难面前，创新者都表现出了超过常人的坚韧，这种坚韧是创新成功的重要品格条件，而这种坚韧又是建立在对信念和目标的执着追求的基础上的。

坚韧是创新者自觉地确定目的，并支配行动，克服困难，实现目的的心理过程。坚韧是取得创新成功的精神支撑。

### 案例1　贝尔持续工作

在贝尔之前，有很多人都宣称自己发明了电话，其中格雷是唯一接近成功的人，而造成巨大差异的竟是一颗微小的螺钉。如果格雷能坚持把一颗螺钉转动四分之一周，把间歇电流转换成等幅电流，那么他就成功了。格雷和贝尔之间的不同之处在于，格雷在中途停了下来，所以他失败了。贝尔持续工作，直到取得成果。贝尔获得成功的关键就是靠坚韧。

### 案例2　差3英寸的矿脉

1850年，美国西部兴起淘金热，家住马里兰州的青年农民达比和叔叔一起到遥远的西部去淘金。他们手里握着鹤嘴镐和铁锹不停地挖掘，几个星期以后，终于惊喜地发现了金灿灿的矿石。于是他们悄悄地将矿井隐藏起来，回到家乡筹集大笔资金购买采矿的设备。不久，淘金的事业如火如荼。当采掘的首批矿石运往冶炼厂时，专家们断言，他们遇到的可能是美国西部罗拉地区藏量最大的金矿之一。达比仅仅用了几车矿石就收回了成本。可达比万万没有想到，正当他们希望采到更多的金矿时，奇怪的事情发生了。金矿矿脉突然消失！尽管他们继续拼命地钻探，试图重新找回金矿，但一切终归徒劳，好像上帝有意要和达比开一个巨大的玩笑，让他的美梦化为泡影。在万般无奈的情况下，他们不得不忍痛放弃了几乎要使他成为新一代富翁的矿井。接着，他们将全套机器设备卖给了当地一个收购废品的商人，带着满腹遗憾回到了家乡。就在他们离开了几天之后，收购废品的商人突发奇想，决定去那口废弃的矿井看一看。为此他专门请了一名采矿工程师，做了一番测算。工程师指出，前一轮工程失败的原因，是业主不熟悉金矿的断层线。考察结果表明，更大的矿脉离达比停止钻探的地方差 3 英寸远。

达比除了缺乏知识，不熟悉金矿的断层线之外，更缺少的是坚韧。如果他坚持一下，就会发现更大的矿脉，就会钻到金矿。

创新也一样，成功往往是从坚持到最后一秒的时间中得来的。但是很多人不懂坚持的意义，往往在离成功只有一步之遥的时候放弃努力，半途而废，结果造成了巨大损失和无法挽回的遗憾。

### 案例 3　死也不断掉思维"热线"

古希腊的大科学家阿基米德，当罗马军队侵入叙拉古并闯入他的家中时，75 岁的阿基米德正蹲着研究画在地上的几种图形，继续追寻着他顿悟的数学证明，直到罗马士兵的宝剑刺到了他的鼻尖，他还坦然无畏地说："等一下杀我的头，再给我一会儿工夫，让我把这几条几何定理证完，不能给后人留下一条没有证完的定理啊……"残暴的罗马士兵不容他说完，就举剑向他砍去，阿基米德大喊一声："我还没做完……"便倒在了血泊中，他死也不肯断掉头脑中的思维"热线"。

坚韧指在遭遇身体及精神困难、压力时，坚持而不放弃的忍受力，即面对危险与灾难时精神的坚定、坚强的耐受力、勇气和后劲。在创新活动中指自觉支配和调控创新行动，克服创新中遇到的困难，实现创新预定目标的心理品质。

**作业：**

1. 根据上述案例，谈谈你的想法或受到的启发。

2. 请把你的想法写下来。

# 第五章　初识创业

创业是创造不同价值的过程，这种价值的创造需要投入必要的时间和付出一定的努力，还需要承担相应的金融、心理和社会风险，并能在金钱和个人成就感方面得到回报。

## 第一节　什么是创业

创业是创业者通过发现和识别创业机会，组织各种资源，提供产品和服务，以创造价值的过程。

创业有广义和狭义之分。广义的创业是指创业者的各项创业实践活动，其功能指向是成就国家、集体或群体的大业。狭义的创业是指创业者的生产经营活动，主要是开创个体和家庭的小业。

回忆儿时的经历，绝大多数人都有过这样的梦想，"我长大以后，要成为一个……"这个梦想，可能是画家，展现这个世界最美丽的一面；可能是诗人，让平淡的现实变得更美好；可能是医生，让生病变得不是那么痛苦；可能是教师，帮助他人成长；可能是企业家，为社会提供能够改善生活的产品和服务；也可能只是一个平凡的工人，为祖国建设添砖加瓦……无论什么样的梦想，将自己的梦想转化为人生志向和事业的行为，就是创业。

### 案例1　冯如立志为祖国制造飞机

冯如是我国杰出的科学家、第一个飞机制造专家和飞行家。他出身于农民家庭，12岁开始旅美生活。美国的工业繁荣使他认识到，中国要富强，就必须要有先进工业。他省吃俭用，大量购买机械学书籍刻苦自学，并于几年后开始了发明创造。1904年，俄日帝国主义为争夺中国东北三省爆发战争，给中国人民带来深重灾难。冯如闻后立志为祖国制造飞机，并发誓："苟无成，毋宁死。"

1906年，冯如在美国旧金山向华侨募集了1000美元的资金，与九位华侨青年助手开始了飞机的研制工作。面对一次次失败和各方阻力，冯如毅然宣布"飞机不成，誓不回国"。在伟大理想的激励下，经过艰苦设计、研究实践，冯如终于在1909年9月21日驾驶自制的飞机翱翔在奥克兰的上空。它震惊了西方世界，在中国航空史上写下了光辉的一页。

之后，冯如谢绝美国的高薪延聘，回国创办了飞机制造公司，致力于祖国的航空事业。直到 1912 年 8 月 15 日，在一次飞机试飞中因故遇难，年仅 29 岁。

冯如立志为祖国制造飞机，实现他为祖国制造飞机这个梦想的行为，就是创业。

### 案例 2　陶华碧创办食品加工厂

"老干妈"这个牌子可以说无人不知，无人不晓。"老干妈"的创始人陶华碧是一个没有上过一天学、仅会写自己名字的农村妇女。

由于家里很穷，陶华碧从小到大就没有读过一天书。丈夫病逝时，扔下她和两个孩子。为了生存，她不得不去打工和摆地摊。

1989 年，陶华碧用省吃俭用积攒下来的一点钱，在贵阳市南明区龙洞堡的一条街边，开了个简陋的餐厅，专卖凉粉和凉面。当时，她精心制作了麻辣酱，作为专门拌凉粉的一种佐料，结果生意十分兴隆。

有一天，陶华碧因为身体不舒服就没有去菜市场买辣椒。她想：反正拌凉粉的佐料有好几种，缺少麻辣酱也不会耽误生意。谁知，顾客来吃饭时，一听说没有麻辣酱，居然都转身走了。她感到十分困惑：难道来我这里的顾客并不是喜欢吃凉粉，而是喜欢吃我做的麻辣酱？

机敏的她一下子就看准了麻辣酱的潜力，从此潜心钻研起来。经过几年的反复试制，她制作的麻辣酱风味更加独特。很多客人吃完凉粉后，又掏出钱来买些麻辣酱带回去，甚至有人不吃凉粉却专门来买她的麻辣酱。

有一天，她想出去看看别人的生意怎么样，走访了 10 多家卖凉粉的餐馆和食店，却发现人家的生意都非常红火，原来是这些人做佐料的麻辣酱都是从她那里买来的。

第二天，她再也不单独卖麻辣酱了。结果，那些买不到麻辣酱的老板纷纷来求她，还半开玩笑地说："既然能做出这么好的麻辣酱，还卖什么凉粉？干脆开家麻辣酱工厂算了！"这话触动了陶华碧，她想：是呀，有这么多人爱吃我的麻辣酱，我还卖什么凉粉？

1996 年 7 月，陶华碧借南明区云关村委会的两间房子，招聘了 40 多名工人，办起了食品加工厂，专门生产麻辣酱。到 2000 年前，陶华碧的加工厂就已经发展成拥有员工 1 000 多名、年产值近 5 000 万美元的贵阳南明老干妈风味食品有限责任公司了。

陶华碧创办食品加工厂，就是创业。

获取利润的创新方式有五种：第一是效率创新，就是降低生产成本。别人辛苦地为社会打工，你可以赚到真正的利润。第二是模式创新，就是降低交易成本。购前的搜寻成本、比较成本，购中的测试成本、协商成本、付款成本，购后的运输成本、售后成本这7个交易成本，有办法降低任何一个，都是巨大的机会。第三是产品创新，就是降低用户成本。产品看似卖得更"贵"了，实际却是卖得更"便宜"了。你帮用户省越多的钱，你自己就能赚更多的钱。第四是系统创新，就是用同种能力满足不同需求。减法策略、除法策略、乘法策略、任务统筹策略、属性依存策略这5个策略，帮你打开脑洞，跳出既定的思考框架。第五是颠覆式创新，就是同种需求被不同能力满足。每一种新的超能力，都会带来商业世界的革命。想要获取这五种利润，就需要创办新企业，整合资源，包括成立新公司、提供新产品或新服务，实现自己的理想，这个过程就是创业。

创业是指创业者对自己拥有的资源或通过努力能够拥有的资源进行优化组合，从而创造出更大经济或社会价值的过程。创业通常指创立基业，即创造、开拓、推进一种事业或产业，实现从无到有、从小到大、从弱到强的巨大变化。从可持续发展的战略视角看创业，只有创造、创新才是创业的根本。

创新是创业的源泉，是创业的本质。创业通过创新拓宽事业或商业视野、获取市场机遇、整合独特资源、推进事业或企业成长。将科学技术转化为企业的经济效益与社会效益，其杠杆支点在技术创新。当今世界，没有创新就不能充分发挥日新月异的科学技术强有力的作用，不创新就难以持续发展。

创造、创新需要向创业的方向发展。

创业的核心是创造和创新，创业需要有创造力和创新的能力，创造、创新是创业的基石。

**作业：**

1. 根据上述案例，谈谈你的想法或受到的启发。

2. 组织小组讨论，以小组为单位派出代表说出小组的想法。

3. 请把自己的想法写下来。

# 第二节　创业机会

机会，指具有时间性的有利情况。

"机不可失，时不再来。"机会不会找上门来；只有人主动去寻找机会。创业从想法到行动往往由于一个特殊的契机，这就是创业机会。一个创业者如果能够把握住一个看似十分偶然的创业机会，这个机会就很有可能彻底改变一个人的一生。

## 案例1　李某夫妇眼里的创业机会

稀饭谁都会做，可是，一对没有多少文化的下岗夫妻，在短短5年的时间里，竟然靠稀饭拥有了百万财富，这真是让人难以想象的创业奇迹。

在我国西南的某个城市，李某与丈夫双双下岗，本来靠起早贪黑地摆烟摊有了一些积蓄，但是一心准备在春节期间大赚一笔的她，被客户欺骗，不仅几年的辛苦所得化为乌有，而且还背上了20多万元的债务。

面对如此打击，伤心欲绝的李某整日以泪洗面，每天低三下四地应付那些讨债的债主们也让她筋疲力尽。

一天早上，夫妻俩路过一个早点摊，看见老板娘做的一大锅稀饭眨眼工夫就卖完了。因为这个城市早晨的小吃都是包子、稀饭，而熬稀饭比起蒸包子可是本小利大啊！李某混沌的脑海突然一亮：我们为什么不可以从卖稀饭开始呢？那年春天，李某夫妻俩决定先在机场附近卖稀饭。

谁知这看似简单的稀饭并不好卖，尽管两人起早贪黑地干，但是开张才3个月，就亏本了3 000多元。结果一个顾客提醒了他俩：开稀饭店啊，一定要改变经营理念，要有创新意识才行。

夫妻俩决定把稀饭当成正餐做，原因有二：一是现在生活好了，人们吃腻了大鱼大肉，喝点稀饭爽爽口是一种必要；二是如果把稀饭当成正餐来吃，就必须做出特色，改良稀饭品种，比如鱼肉稀饭、腊肉稀饭、肥肠稀饭等。另外，还可以根据稀饭的特点配置各种各样的菜品。这样，就把稀饭和大餐的饮食特点结合了起来。

在短短的几个月时间里，夫妻俩研究出了十几种稀饭。新品稀饭正式营业那天，夫妻俩熬了5锅不同类型的稀饭，免费给顾客品尝。客人们吃完后个个赞不绝口，都觉得稀奇，因为他们从来都没见过稀饭也可以做出这么多花样来。这样一传十，十传百，没过多久，小店的客人就比原来多了好几倍，每天的营业额有时竟高达两三千元。

日渐增多的顾客常使李某夫妇忙不过来，李某心里又开始盘算了起来：不如换个大点的地方卖稀饭，把稀饭产业做大。于是夫妻俩租下了一户面积约两亩地的农家大院，又聘请了几个工人。新店的生意果然更为火爆，一到周末，大院前面的空地上便密密麻麻地停满了车辆。

面对如此好的生意，李某心里很明白：要想留住顾客，必须推陈出新，不能只停留在原来的水平上。因此她整天思考怎样变着花样熬出别人没有的稀饭。经过一段时间的揣摩实践，她终于将店里稀饭的品种发展到 20 多个。他俩还给这些稀饭取了很好听的名字，什么金玉满堂粥、龙须银耳粥、春花碧绿粥、荷叶莲米粥等，光听名字就让人胃口大开。

为了保住稀饭这块牌子，李某到有关部门注册了商标。为了将这块牌子做得更大，李某又将稀饭店搬迁到一个足有 3 亩地的地方，并聘请了 50 多名小工。后来，李某又添加了中餐和小吃等项目，由于味道正、价钱合理，同样让顾客喜欢，每天的营业额有时高达两万多元。

"从卖稀饭开始"在李某夫妇眼里就是创业机会。

### 案例 2　李维·施特劳斯眼里的创业机会

1850 年，美国西部出现了淘金热。那年，李维·施特劳斯才 19 岁，他也加入了这股被发财的狂潮所驱使的人流之中。但是，当他只身来到旧金山，看到拥挤不堪、成千上万的淘金者后，却触动了他的另外一个想法。李维认为："淘金固然能发财，但是为那么多人提供生活用品也是一桩不错的赚钱生意。"于是，他改变初衷，决定另辟发财的蹊径。

李维开设了一家销售日用百货的小商店，同时还制作野营的帐篷、马车篷用的帆布，生意果然挺好。但李维若就此下去，一旦淘金热潮消退，商店就难以维持，以后的路怎样走，谁也说不清楚。

一天，李维正扛着一捆帆布往店里走，一位淘金工人拦住了他，说："朋友，你能不能用这种帆布做一条裤子卖给我？我们整天与泥沙打交道，普通的裤子经不住穿，只有用帆布做的裤子才结实耐磨。"

说者无意，听者有心。李维听后，灵机一动，一条生财之道即刻闪现在他的眼前。

他马上把那位淘金工人带到一家缝纫店，按工人的要求做了两条帆布裤子。这就是世界上最早的牛仔裤。

结实耐磨的牛仔裤，自然成为淘金工人们争相购买的热门货。而由此兴起的牛仔服风潮，不久便席卷全球，把李维推向了富翁的巅峰。

用帆布做裤子，在李维的眼里就是创业机会。

### 案例3 追逐红利就是创业机会

过去我们讲创新，经常讲到一个案例。在一座城市的大街上，有个人卖一块铜，喊价28万美元。好奇的记者一打听，方知这个人是艺术家。不过，对于一块只值9美元的铜来说，他叫的价格简直不可思议。于是那位艺术家被请进了电视台，讲述了他的道理：一块铜价值9美元，如果制成门柄，价值就增为21美元，如果制成工艺品，价值就变成300美元；如果制成纪念碑，就应该值28万美元。他的创新说法打动了一位金融家，结果那块铜最终制成了一尊优美的肖像——也是一位成功人士的纪念碑，价值为30万美元。同一块铜的价值从9美元增加到30万美元，中间的差价299991美元，是利润吗？

从财务上看，是的。从商业上看，不是。因为他能把9美元的东西卖到30万美元，大家会马上觉得这个行业的钱特别好赚，于是蜂拥进入市场，竞争对手会越来越多，就会引发价格战。为了争夺市场，彼此一轮又一轮地降价。从30万美元，降到29万美元、28万美元……最后降到5.5万美元，再也降不下去了，市场就稳定了。

所以，之前赚的299991万美元，不是"利润"，而是"红利"。要把这299991万美元收入到账，就是创业机会。

创业机会也称商业机会或市场机会，是指没有被满足的市场需求，它是市场中现有企业留下的市场空缺。创业机会是创业过程中的核心，创业者从发现和识别创业机会开始创业。它意味着客户能得到比当前更好的产品和服务的潜力。

创业机会主要是指具有较强吸引力的、较为持久的有利于创业的商业机会。创业机会是技术、经济、政治、社会及人口环境发生了变化，使新产品、新服务、新原材料和新的组织方式出现了新的情景。

在不断变化的当今社会，创业机会比以往任何时候都多。创业机会的来源主要是政治因素、经济因素、社会因素和技术因素。

**作业：**

1. 根据上述案例，谈谈你的想法或受到的启发。

2. 组织小组讨论，以小组为单位派出代表说出小组的想法。

3. 请把自己的想法写下来。

# 第三节　创业意识

创业意识是创业者需具备的重要素质之一。能在瞬息万变的市场环境中不断推陈出新是创业生存的一个重要环节。要想取得创业成功，创业者必须具备自我实现、追求成功的强烈的创业意识。创业意识包括商机意识、转化意识、战略意识、风险意识、勤奋／敬业意识。

### 案例1　洛克菲勒很小就有创业意识

约翰·洛克菲勒从小就展示了惊人的赚钱天赋。他的童年时光是在一个叫摩拉维亚的小镇上度过的。每当黑夜降临，约翰常常和父亲点起蜡烛，相对而坐，一边煮着咖啡，一边天南地北地聊着，话题总是少不了怎样做生意赚钱。约翰·洛克菲勒从小脑子里就装满了父亲传授给他的生意经。

7岁那年，一个偶然的机会，约翰在树林中玩耍，发现了一个火鸡窝。于是他眼珠子一转，计上心来。他想：火鸡是大家都喜欢吃的肉食品，如果把小火鸡养大后卖出去，一定能赚到不少钱。于是，约翰每天都早早地来到树林，耐心地等待火鸡孵出小火鸡后出来觅食，就飞快地跑过去抱起小火鸡往家里跑。他把小火鸡关在自己的房间里精心饲养。感恩节到来的时候，小火鸡已经长大了，他便把它们卖给附近的农民。约翰还想出一个让钱生钱的妙计，他把卖火鸡所得的50美元放贷给附近的农民，一年的利息是7.5%，第二年小约翰便收到了3美元75美分利息。

把小火鸡养大后卖给附近的农民，再把卖火鸡的钱贷给农民收利息，说明约翰·洛克菲勒很小就有创业意识。

### 案例 2　麦考尔的创业意识

1974 年，美国政府为清理那些给自由女神像翻新而剩下的废料，向社会广泛招标。但是好几个月过去了，都没有人投标。

正在法国旅行的麦考尔听说后，立即飞往纽约，在看过自由女神像下堆积如山的铜块、螺丝和木条后，未提任何条件，就签了合同。

当时不少人对他的这一举动暗自嘲笑。因为纽约州的垃圾处理有严格的规定，弄不好会受到环保部门的处罚。

就在那些人等着看他的笑话的时候，他开始组织工人对废料进行分类。他让人把废铜熔化，铸成小自由女神像；再把木条加工成木座；把废铅、废铝做成纽约广场的钥匙。最后他甚至把从自由女神像身上扫下的灰尘都包装起来，出售给花店。

不到 3 个月，他让这堆废料变成了 350 万美元，每磅铜的价格整整翻了 1000 倍。

本来是让政府感到头疼的一堆垃圾，在麦考尔的眼中却成了各种各样的资源，稍加改变、改造，就从中挖掘出了财富。这说明，麦考尔很有创业意识。

### 案例 3　比尔·盖茨的创业意识

比尔·盖茨中学毕业后如愿以偿地被哈佛大学录取，但是程序员的工作和计算机的魅力深深吸引着他。

比尔·盖茨一边在哈佛大学读书，一边想着计算机领域的发展，而且把主要的心思用在了计算机上。他的好友保罗则是一旦发现计算机在国际领域的新动向，就跑来告诉比尔·盖茨。有一次，保罗在一份杂志上见到了一台微型计算机照片，就拿着它来找比尔·盖茨。比尔·盖茨见说明中写着："世界上第一部微型计算机，可与商用型号的计算机匹敌。"比尔·盖茨超前的思维能力使他有意识地对保罗说："看来计算机像电视机一样普及的时代就要到来了。"两个人为此兴奋不已。他们在朦胧中看到了自己的事业和梦想，这两个天才少年用他们的兴趣和头脑，预见到了一个庞大的新兴科技领域的出现，看到了别人看不到的希望。

比尔·盖茨和保罗在喜出望外之后，下决心大干一番。他们决定为新诞生的微型计算机编制语言，也就是系统软件。他俩超前的思维已经意识到，如果没有便于应用的程序，计算机就毫无价值可言。比尔·盖茨和保罗抓住这个机会，立即进了哈佛大学的计算机中心。两个青年昼夜奋战，一刻不停地干起来。经过连续8个星期的奋战，他们为微型计算机设计了一个取名为"登上月球"的游戏程序。在试验后，他们认为可以让这个程序工作了。于是，保罗带着这个刚刚诞生的程序，乘飞机到新墨西哥州微型计算机诞生的公司去试用。结果，第一次试验就获得了成功。

在这个时候，比尔·盖茨已经意识到，一个大好的商机已经来临了。为此，他决定离开哈佛大学，和保罗一起开办软件开发公司。这样，比尔·盖茨没有毕业就离开了哈佛，引起了人们的关注。

1975年，比尔·盖茨和保罗在亚帕克基市创立微软公司。公司最初起名为Mi-crosoft（微软），不久其中间的连字符即被删去，"微软"之名出自"微电脑软件"之意。虽然比尔·盖茨并不认为构思一个名字就是一项成就，但是他对这个由他亲自替公司起的名称感到十分满意。他认为，"微软"之名用于一个专门开发微型电脑软件的公司最合适不过了，何况，整个电脑软件行业目前只有唯一一家微软公司。

他们创办公司的宗旨是：要为各种各样的微型电脑开发软件。当时，比尔·盖茨还不到20岁。

"为新诞生的微型计算机编制系统软件"，这说明比尔·盖茨很有创业意识。


意识是人脑对大脑内外表象的觉察。创业意识是指人们从事创业活动的强大内驱动力，是创业活动中起动力作用的个性因素，是创业者素质系统中的第一个子系统即驱动系统。

创业意识的要素包括创业需要、创业动机、创业兴趣、创业理想。

创业需要是指创业者对现有条件的不满足，并由此产生的最新的要求、愿望和意识，是创业实践活动赖以展开的最初诱因和最初动力。但仅有创业需要，不一定有创业行为，想入非非者大有人在，只有创业需要上升为创业动机时，创业行为才有可能发生。

创业动机是指推动创业者从事创业实践活动的内部动因。创业动机是一种成就动机，是竭力追求获得最佳效果和优异成绩的动因。有了创业动机，才会有创业行动。

创业兴趣是指创业者对从事创业实践活动的情绪和态度的认识指向性。它能激活创业者的深厚情感和坚强意志，使创业意识得到进一步升华。

创业理想是指创业者对从事创业实践活动的未来奋斗目标有较为稳定、持续的向往和追求的心理品质。创业理想属于人生理想的一部分，主要是一种职业理想和事业理想，而非政治理想和道德理想。创业理想是创业意识的核心。

**作业：**

1. 根据上述案例，谈谈你的想法或受到的启发。

2. 组织小组讨论，以小组为单位派出代表说出小组的想法。

3. 请把自己的想法写下来。

# 第四节 创业精神

创业精神就是发现和把握商业机会，无论当时如何受资源的制约，都能努力通过创新，从无到有地创造和建立某些事物以满足社会需求、创造价值。创业精神又分为个体的创业精神和组织的创业精神。个体的创业精神是指以个人力量，在个人愿景引导下从事创新活动，进而创造一个新基业、新事业或新企业；组织的创业精神则是指在已存在的一个组织内部，以群体力量追求共同愿景，从事组织的创新活动，进而创造组织的新面貌。

创业精神有三个层面的内涵：哲学层次的创业思想和创业观念，这是人们对于创业的理性认识；心理深层的创业个性和创业意志，这是人们创业的心理基础；行为学层次的创业作风和创业品质，这是人们创业的行为模式。

## 案例1 王兴的创业精神

一提到王兴，很多人脑海里第一个想到的词语就是连环创业者，因为他是校内网、饭否网和美团网这三个中国大名鼎鼎的网站的联合创始人。除此之外，他还有另外一个身份，大学生创业者，即在大学毕业之后，没有丰富的职业履历就开始创业的人。

王兴是一名人们口中的天才少年，高中没有参加高考就被保送到中国名牌学府清华大学。毕业后拿到全额奖学金去了美国特拉华大学，师从第一位获得MIT计算机科学博士学位的大陆学者高光荣。随后回国创业，在前一两次不算成功的创业之后，王兴创立了中国版facebook——校内网，并很快风靡于大学校园之中。校内网于

2006 年 10 月被千橡以 200 万美元收购。2007 年 5 月 12 日，王兴创办饭否网。这也是中国第一个类似 twitter 的网站，但却在饭否网发展势头一片良好之际被迫关闭，让王兴事业受到挫折。

事后，连环创业者王兴于 2010 年 3 月上线新项目美团网，并在千团大战中脱颖而出，移居行业前三，并先后获得红杉和阿里的两轮数千万美元的融资，这个连环创业者的事业正逐渐走上正轨。近几年，美团单月流水已经突破 10 亿元人民币。

王兴在创业中跌倒了又爬起来，体现了他强烈的创业精神。

### 案例 2  桑德斯的创业精神

超市的兴起，是对传统的店员站柜台的经营形式的一次革命。第一个吃螃蟹的人，是美国的克拉伦斯·桑德斯。

有一天，桑德斯看到人们在当时新兴的快餐馆排起长龙选菜吃，突然，他灵感一现：能不能在杂货店里也采取这种让顾客随意挑选，然后进行包装的经营形式呢？

他高兴地把这个念头讲给老板听，不料竟遭到老板的斥责："收回你这个愚蠢的主意吧，怎么能让顾客自己选择、自己包装呢？"可桑德斯却不认为这是个"愚蠢的主意"，他明白如果这样做，肯定可以给顾客一种更轻松、更自在的购物心理。

于是，桑德斯辞去公司的工作，自己开了一家小杂货铺，开始实施他想到的全新的经营理念和方式。很快，这种新颖的经营形式吸引了大批的顾客，桑德斯的小店门庭若市，生意兴隆。接着，他又接二连三地开了很多家分店，生意迅速蓬勃起来。这就是当今风靡世界各地的超市的先驱。

桑德斯辞去公司的工作，自己开一家小杂货铺，开始实施他想到的全新的经营理念和方式，就是受到强烈的创业精神的驱使。

### 案例 3  南存辉的创业精神

南存辉13岁时初中刚毕业，父亲因伤卧床不起。作为长子，南存辉辍学子承父业。从此，他成了一个走街串巷的小鞋匠。13岁至16岁，他每天挑着工具箱早出晚归，修了 3 年皮鞋。生活的苦难塑造了他坚强不屈的性格，更坚定了他的生活信心。天资聪颖的他，没有放弃对社会的观察和思索。20 世纪 80 年代初，温州掀起一阵低压电器创业潮。1984 年，南存辉找了几个朋友，四处借钱，在一个破屋子里建起了一个作坊式的"求精"开关厂。4 个人没日没夜地干了 1 个月，做的是最简单的低压电器开关。可谁知赚来的第一笔钱只有 35 元。3 个合作伙伴都沮丧极了，而南存辉却兴奋异常，因为他觉得自己终于找到了一条通往财富的路子。从这 35 元的第一桶金中，他仿佛看到了创业的希望。

1984 年 7 月，他与朋友一起投资 5 万元，在喧闹的温州柳市镇上因陋就简办起了一个"乐清县求精开关厂"，开始了他在电气事业里的艰难跋涉。

1991 年，在与朋友合作创办的"求精开关厂"解体后，南存辉吸收弟弟、妹夫等家族成员入股，组建了典型的家族企业——温州正泰电器有限公司，南存辉个人占股 60% 以上。到 1993 年，正泰的年销售收入达到 5000 多万元。锋芒初露的南存辉意识到，正泰要想继续做大，必须进行一次脱胎换骨的变革。于是，南存辉充分利用正泰这张牌，走资本联合的扩张之路。他先后将当地 38 家企业纳入正泰麾下，于 1994 年 2 月组建了低压电器行业第一家企业集团。正泰股东一下子增加到十多个，而南存辉的个人股权则被稀释至 40% 左右。

南存辉在摸索中渐渐发现，家族企业的一个致命弱点就是无法更多更好地吸纳和利用优秀外来人才，而人才又是企业发展的第一要素。到 1998 年，几经思考的南存辉突破阻力，毅然决定弱化南氏家族的股权绝对数，对家族控制的集团公司核心层（即低压电器主业）进行股份制改造，把家族核心利益让出来，并在集团内推行股权配送制度，将最优良的资本配送给企业最优秀的人才。就这样，正泰的股东增加到 100 多个，南存辉的股份下降到 20% 左右。家族色彩逐步在淡化，企业却在不断壮大，正泰已成为拥有资产 30 亿元，年销售额超过 100 亿元，年上缴税金逾 5 亿元的大型企业集团。对此，南存辉坦陈："分享不是慷慨，对创业者来说，分享是一种明智。"

与温州老板们普遍的家族经营相比，南存辉最与众不同的地方是：自正泰成立之日起，他就矢志不渝地推行股份制，以"股权换取发展空间"。当他的股权从 100% 退到 20% 左右，正泰却在他的"减法"中发展得越来越大。

南存辉始终认为，一个人首先必须"烧好自己的一壶水"。在许多民营企业纷纷朝着多元化发展的今天，正泰的执着和淡定如此难得。从低压电器、高低压电器到工业仪表，正泰一直在做专业的电器制造企业。南存辉曾说："国际上对正泰最有力的一个竞争对手年销售额达 90 亿欧元，是我们的 10 倍。正泰在自己的领域里还有很大的发展空间。"

关于专业化和多元化的道路到底孰优孰劣的问题，在业界已经讨论了很多年。

对此，南存辉始终坚持：不熟悉的不做；行业跨度太大，没有优势的不做；要多元化也是同心多元化。他说："在企业快速发展阶段，有非常多的行业让你选择，找上门来的各行业合作伙伴踏破了门槛。这样很容易导致决策的随意性，好比烧开水，你把这壶水烧到 99 度只差 1 度就开了，突然你心血来潮觉得那壶水更好，把这边搁下不烧了而跑到那边重新另起炉灶，新的一壶还没烧开，原来那壶也凉了。"

创业精神是指在创业者的主观世界中，那些具有开创性的思想、观念、个性、意志、作风和品质等。激情、积极性、适应性、领导力和雄心壮志是创业精神的五大要素。

创业精神具有以下基本特征：高度的综合性、三维整体性、超越历史的先进性、鲜明的时代特征。

**作业：**

1. 根据上述案例，谈谈你的想法或受到的启发。

2. 组织小组讨论，以小组为单位派出代表说出小组的想法。

3. 请把自己的想法写下来。

# 第六章　创业素质

创业活动是由创业者主导和组织的商业冒险活动，要成功创业，不仅需要创业者具有开创新事业的激情和冒险精神、面对挫折和失败的勇气等各种优良的品质素养，还需要具备解决和处理创业活动中各种挑战和问题的知识及能力。

素质是一个人在社会生活中思想与行为的具体表现。在社会上，素质一般被定义为：一个人文化水平的高低；身体的健康程度；家族遗传于自己的惯性思维能力，对事物的洞察能力、管理能力，智商、情商的高低；职业技能所达级别等的综合体现。素质其本源为沟通的层次和传达的印象品位，分专业素质和社会素质。

创业素质指创业者的个人素质，即心理素质和人格素质。厚德载物，载就是承载。创业素质是承载创业的基础。创业素质不能承受创业之重，创业就会失败。美国加州大学经济学教授丹尼·W. 辛克莱在《财富智商》中把创业素质分为个性品质、商务素质和文化素质。

# 第一节　个性品质

人的个性品质是每个人立身社会行为处世的基本立足点。

人的个性品质在创业中具有十分重要的作用。自信、积极心态、进取精神、奋斗精神等，都是一个人个性品质的体现。我们在这里所说的个性品质，都是与创业直接相关的，并内在地蕴含着创业的因子，积极发挥着创业的功能。

创业的个性品质，包含为人真诚、友好待人、胸怀宽广、勇于改错、勤奋努力、冒险精神、创新意识等。

## 一、为人真诚

真诚是人最高尚、最美好的品德。从道德的角度讲，真诚的人品德高洁、为人正直，待人处世都能以真心相见，从不坑蒙拐骗。为人真诚的人创业，其品格便直接与创业上的信誉联系起来，变成巨大的无形资产。

### 案例 1　戒欺

在胡庆余堂，有一个胡雪岩亲手写的"戒欺"二字制作成的横匾，高悬在店堂大厅醒目的地方。说到这个"戒欺"的横匾，还有一段闻名遐迩的故事。

一次，胡庆余堂的紧俏药虎骨追风膏断货了，于是负责人余修初就找到专管药

材的邹文昌问清原因。邹文昌说，"虎骨追风膏"的主要原材料是虎骨，而虎骨现在又断货，所以他建议用豹骨。余修初一听，这怎么行呢？你这不是想砸胡庆余堂的招牌吗？余修初坚决不干。

"做生意嘛，要懂得变通，我们用豹骨代替，先满足一下市场，等虎骨一到，马上就换用虎骨。不然别人会把咱们胡庆余堂看扁的。"邹文昌拿出胡庆余堂的信誉来威胁余修初说。见余修初的思想有一点动摇，于是趁热打铁道："豹骨的药效也差不到哪里去，一般人是看不出来的，只有你知我知，别人绝对不知道。"

听他这么一说，余修初动摇了，于是邹文昌趁机生产出了假的虎骨追风膏。胡雪岩知道此事后，认为邹文昌伤害到了胡庆余堂的声誉，非常气愤。

胡雪岩把所有人都叫到大厅，当众辞退了邹文昌。并当场写下了"戒欺"堂训，还在横匾旁边挂了一些条幅，"药业关系性命，尤为万不可欺""采办务真，修制务精"等。

后来，胡雪岩还将自己在胡庆余堂的办公室取名为"耕心草堂"，用意十分明显，田要耕，地要耕，心田更要耕，只有常耕心田，邪念、欺骗这些杂草才不会滋生，才能做一个堂堂正正的商人。

因为"戒欺"的堂训，胡庆余堂的伙计再也不敢有一点儿欺骗行为了。经过多年的发展，胡庆余堂成了名闻天下的老字号药店。民间一直有"北有同仁堂，南有胡庆余堂"之说，它与北京的百年老字号同仁堂南北交相辉映，深受广大顾客的信赖。胡雪岩本人也因此赢得了"江南药王"的美誉。

## 案例2 晋商

晋商能够成为中国古代第一商人，也是因为他们为人真诚，在义与利的选择上有着自己独特的理解和行为规范。他们主张"君子爱财，取之有道"，反对以卑劣手段骗取钱财，要求商人"利信义出，先予后取"。

一个山西商人曾在嘉湖一带购囤粮食，一年大灾，有人劝他将粮食卖个好价钱，但该商人却说，能让百姓度过灾荒，才是大利。于是，他将囤聚之粮减价售出，还设粥棚救济灾民，赢得了一方百姓的赞誉和信任，日后的生意自然也日渐兴隆。

晋商不仅在经营中坚持"以义取利，为义让利"，就是在合作伙伴之间也是既保持平等竞争，又保持相互支持与关照。特别是生意上有关系的合作伙伴，他们会竭力维持，哪怕明明知道与对方做生意不赚钱，也不会分道扬镳、中途绝交。万一对方倒闭了，自己的债务收不回来，他们也就听之任之，只当是交了学费。

民国初年，包头双城公财东杨老五欠了复盛公6万两银子，因为无法偿还，杨老五只是给乔映雪磕了一个头，就算了事；还有大顺公绒毛店欠复盛公1000个大洋，只是还了一把斧头加一个箩筐，就这样两清了。

最让人感动、敬佩的是祁县大德通票号的做法。清末到明初，社会动荡，战乱不断，很多票号都处于歇业倒闭的状态。资本实力雄厚的大德通也历经劫难，元气大伤。

到了1930年中原大战，大德通真正是到了生死攸关的关头。因为蒋、阎、冯的中原大战，当时山西自己发行的一种钞票叫晋钞。阎锡山失败之后，晋钞大量贬值，最后25块晋钞才只抵1元新币。

这其实也是大德通东山再起的一次绝好机会，它可以拿晋钞支付别人的存款，趁机发一笔横财。但是大德通没有这样做，他们把多年积累起来的老本都投入到兑付存款之中，这是大德通做得最大的一次赔本买卖。经过这次折腾，原来就在困境中挣扎的大德通雪上加霜，最终造成30万两白银的亏空。两年之后，有着80多年历史的老字号大德通悄然歇业了。

大德通做出这个舍生取义的决定，并不是一时冲动，而是认认真真地算过一笔良心账。东家乔映雪神情凝重、大义凛然地说，即使是大德通为此倒闭，也不至于让自己人沦落到衣食无着的地步，但对于一个个储户来说，如果我们不这样做，对他们的威胁将会是身家性命，两者相比，孰重孰轻，一言自明。

晋商"为义让利"的宽广胸怀，足以让现代的好多商人羞愧。而大德通这种毫不利己、专门利人，甚至是损己利人的做法，即使翻遍古今中外的书籍也是难找的。

## 案例3 泰国东方饭店

泰国的东方饭店堪称亚洲之最，不提前一个月预订是很难有入住机会的，而且客人大多数来自西方发达国家。东方饭店的经营如此成功，他们有什么特别的优势吗？他们有新鲜独到的招数吗？回答是——没有。那么，他们究竟靠什么获得骄人的业绩呢？要找到答案，不妨先来看看张先生入住东方饭店的经历。

张先生因生意需要经常去泰国，第一次下榻东方饭店就感觉很不错，第二次再入住时，他对饭店的好感迅速增加。

那天早上，他走出房间去餐厅时，楼层服务生恭敬地问道："张先生是要用早餐吗？"他感觉很奇怪，反问："你怎么知道我姓张？"服务生说："我们饭店规定，晚上要背熟所有客人的姓名。"这令张先生大吃一惊，因为他住过世界各地无数高级酒店，但这种情况还是第一次碰到。张先生走进餐厅，服务小姐微笑着问："张先生还是要老位置吗？"张先生更是惊讶了，心想尽管不是第一次在这里吃饭，但最近一次也有一年多了，难道这里的服务小姐记忆力这么好？看到他惊讶的样子，服务小姐主动地解释说："我刚刚查过电脑记录，您在去年的 6 月 8 日在靠近第二个窗口的位置上用过早餐。"张先生听后兴奋地说："老位置！老位置！"小姐接着问："老菜单，一个三明治、一杯咖啡、一个鸡蛋？"张先生已不再惊讶了："老菜单，就要老菜单！"

张先生就餐时指着餐厅赠送的一碟小菜问道："这是什么？"服务生后退两步说："这是我们特有的小菜。"服务生后退两步是怕自己说话时口水不小心落到客人的食物上，这种细致的服务不要说在一般的酒店，就是在美国最好的饭店里张先生都没有见过。

后来，张先生有两年没有到泰国去了。在他生日这天，突然收到一封东方饭店发来的贺卡，并附了一封信，信上说东方饭店的全体员工十分想念他，希望能再次见到他。张先生当时激动得热泪盈眶，发誓一定要再到泰国去，一定要住东方饭店，并且说服身边所有的朋友像他一样选择东方饭店。

东方饭店在经营上没有什么新招、高招、怪招，他们采取的仍然是惯用的传统办法——为人真诚，给客人提供人性化的服务。只不过在别人仅达到规定的服务水准就停滞不前时，他们却进一步挖掘，抓住大量别人未在意的不起眼的细节，坚持不懈地把人性化服务延伸到方方面面，落实到点点滴滴，不遗余力地推向极致。

毫无疑问，只有真诚地为顾客着想、为顾客服务的创业者，才能获得顾客的充分信赖。这一切告诉你：如果你要创业、做老板，首先就得为人真诚。

## 二、友好待人

如果说真诚是人的品德的内在表现，那么友好待人则是真诚的人品在情感态度上的显露。我们所说的友好待人，是建立在真诚的基础之上的，不是浮夸的激情、虚伪的笑容、装掩的行为。

友好是人世间最美好的情感。它给人带来和谐、温暖和关爱。

友好待人表现在创业道路上，就是对顾客热情、耐心、周到的全方位服务，让顾客有宾至如归的感觉，让顾客真正相信自己已享受到了"顾客就是上帝"的礼遇。此时，创业生意的红火，便必然是情理之中的事情。

### 案例1　从平凡小伙计到酒店经理

很多年前，在一个旅馆的大厅里，走进了一对老夫妇，外面雷雨交加，天色也不早了，两个人便走到旅馆大厅的前台，想订一间客房。

前台有一个年轻人在值班。"很抱歉，"他回答说，"我们饭店已经被参加会议的团体包下了。往常碰到这种情况，我们都会把客人介绍到另一家饭店，可是这次很不凑巧，据我所知，另一家饭店也住满了。"

他停了一会儿，接着说："在这样的晚上，我实在不敢想象你们离开这里，却又投宿无门的处境。如果你们不嫌弃，可以在我的房间里住一晚，虽然不是什么豪华标间，却十分干净。我今晚就待在这里完成手上的工作，反正晚班督察员今晚是不会来了。"

这对老夫妇因为造成柜台服务员的不便，显得十分不好意思，但是他们谦和有礼地接受了服务员的好意。第二天早上，当老先生下楼来付住宿费时，这位服务员依然在值班，但他婉言拒绝道："我的房间是免费借给你们住的，我全天待在这里，已经赚取了很多额外的钟点费，那个房间的费用本来就包含在里面。"

老先生说："你这样的员工，是每个旅馆老板梦寐以求的，也许有一天我会为你盖一座旅馆。"

年轻的柜台服务员听了笑了笑，并没有在意，他明白老夫妇的好心，但他只当它是个笑话。

又过了好几年，那个柜台服务员依然在同样的地方上班。有一天他收到老先生的来信，信中清晰地叙述了他对那个暴风雨夜的记忆。老先生邀请柜台服务员到纽约去拜访他，并附上了往返机票。

几天之后，他来到了曼哈顿。站在坐落于第五大道和三十四街间的豪华建筑前，他见到了老先生。老先生指着眼前的大楼解释道："这就是我专门为你盖的饭店，我曾经提过，记得吗？"

"您在开玩笑吧！"年轻人不敢相信地说，"都把我搞糊涂了！为什么是我？"年轻的服务员显得很慌乱，讷讷地问。

老先生很温和地微笑着说："这其中并没有什么别的意思，只因为我认为你是经营这家饭店的最佳人选。"

如果没有那天晚上对老夫妇的友好态度，这位年轻人也许一生都是那家旅馆的一个平凡的小伙计，正是他的友好待人，改变了自己的一生。

### 案例 2　老板亲自为乞丐服务

一天，一个灰头土脸的乞丐走进一家富丽堂皇的星级饭店，要买一个豆沙包。小伙计面对这双又黑又脏的手递过来的一元钱，呆若木鸡，不知道该不该卖给他。这一切被饭店老板看在眼里，他走过去，干净利落地打包好食品，送到乞丐手上，恭恭敬敬地接过钱，亲切地说："谢谢您的惠顾。"

乞丐走后，大堂经理说："您吩咐一声'卖'不就得了，何必烦您亲自来服务呢。"老板严肃地说："为有钱、有身份的人服好务，这没有什么稀罕。而那些能掏出身上仅有的一点钱来光顾我们生意的人，才是最难得、最值得尊重的，我没有理由不亲自为他服务。"

### 案例 3　康拉德·希尔顿

酒店大王康拉德·希尔顿是善于运用微笑服务取得成功的典型。

这是一个"旅店帝国"，它跨越许多国界，遍布整个世界。在美国和其他国家的大都市里，希尔顿共建起了 200 多座高楼，在里面摆下了数不清的装饰高雅的床铺和各类设施，招徕数以亿计的旅客。

在这个"旅店帝国"的广阔领域里，诸如纽约的华尔道夫阿斯托里亚酒店、佛罗里达州的枫丹白露大酒店、赌城拉斯维加斯的希尔顿大酒店等，无一不是举世闻名的。

希尔顿大酒店的创业者康拉德·希尔顿于 1919 年把父亲留给他的 1.2 万美元连同自己挣来的几千美元投资出去，开始了他雄心勃勃的旅馆经营生涯。当他的资产从投资时的小数目奇迹般地增长到几千万美元的时候，他欣喜而自豪地把这一成就告诉了他的母亲。

希尔顿一点也没有想到，母亲非常平静，并淡然地告诫他："依我看，你跟以前根本没有什么两样……事实上你必须掌握比5100万美元更值钱的东西：除了对顾客诚实以外，还要想办法使来希尔顿酒店住过的人还想再来住，你要想出一种简单、容易、不花本钱且行之久远的办法去吸引顾客。这样你的酒店才有前途。"

这是一位睿智的母亲对儿子的忠告，也是对一切创业者的忠告。但这个忠告却给希尔顿提出了一个难以解开的斯芬克斯之谜——简单、容易、不花本钱且行之久远。

世上真有这样的办法吗？

希尔顿陷入了迷惘：究竟什么办法才具备母亲提出的这四大条件呢？他冥思苦想，不得其解。

希尔顿就是希尔顿，苦思无解后，倒不如做个感同身受的顾客去体悟体悟。于是，他逛商店、串旅馆，以自己作为一个顾客的亲身体验去考虑问题，并最终找到了一个准确的答案——微笑服务。

只有它，实实在在地具有了母亲提出的四大条件。

从此，希尔顿开始在他管理的酒店里实行微笑服务这一独创的经营策略。每天，他对服务员的第一句话就是："你对顾客微笑了没有？"他要求每个员工无论如何辛苦、劳累，都要对顾客投以微笑。即使在旅馆业务受到经济萧条的严重影响的时候，他也经常要求职工记住：万万不可把我们心里的愁云摆在脸上，无论酒店本身遭受的困难如何，希尔顿酒店服务员脸上的微笑永远是旅客的阳光。

因此，在经济危机中幸存下来的20%的酒店中，只有希尔顿酒店服务员的脸上永远带着微笑。结果，经济危机刚结束，希尔顿酒店就率先进入了新的繁荣期，跨入了飞速发展的黄金时代。

微笑服务的神奇魅力，在希尔顿的"旅店帝国"中得到了淋漓尽致的发挥。

希尔顿的母亲真是太伟大了，一个提问就引出了一项经营法宝——微笑服务，实质上就是友好待人。这真是一种简单、容易、不花本钱且行之久远的好办法！

### 三、胸怀宽广

胸怀宽广是人在气质风度上的良好表现。

胸怀宽广的人，一定是心存大志、为人大度者，不会因一己之私怨而与他人斤斤计较，进而耿耿于怀，甚至打击报复。

胸怀宽广是一种建立在真诚、有爱心、有远大志向基础上的美好品质，它是创业者与员工之间的黏合剂、亲和力。有这种个性品质的创业者，一定会和员工打成一片，使人们能团结一心，形成一股强大的力量，去共创美好的明天。

### 案例1  葛鲁莱

美国纽约中央铁路局总经理葛鲁莱就是一个胸怀宽广的人。他善于谅解别人，即使职工们确有过失，也会给他们一个改过自新的机会，决不苛求责备，刻薄寡恩，使偶犯过错的职工绝了生路。

还在葛鲁莱任铁路工段的段长时，他手下有两个职员都在铁路上干了多年。这两位职员因偶然疏忽，在调派车辆行驶时，有一次差点使车辆在中途相撞。这种过失的后果是极为严重的，当然责无旁贷应给予处罚。

总局命令马上开除这两位员工，但葛鲁莱则竭力设法保全他们，并专门到总局去据理力争。他说："这事当加以考虑。他们办事疏忽，自须给予惩罚，但因惩罚而使他们失去终身职业，则将他们历年在铁路上所做的成绩毁于一旦，未免过于刻薄，使职工都为之寒心。请减轻对他们的处分。如果一定要开除，请连我也一并开除了吧。"

这是非常宽厚仁爱的胸怀，甚至不惜以自己的个人得失来保护职工。但是，葛鲁莱也不是连过错也一并宽容，而是仍要"给予惩罚"。这便是宽以待事，严以教育的为人之道。

这两位职员最终保住了职位。他们非常感激葛鲁莱的真诚爱护，从此竭尽全力，忠于职守，以不负葛鲁莱对他们的好意。结果，葛鲁莱虽然帮助的是两个职员，却不经意间为自己造就了两个忠心耿耿的助手。并且由于葛鲁莱的这一行为，其手下职工无不叹服，都乐意在他的领导下干事。不难看出，宽以待人所造成的良好的人际影响对工作和事业显然是大有助益的。

### 案例2  卡耐基

卡耐基年轻的时候，由于少年得志，不免意气用事。有一次因为员工犯了错误，曾开除一人，还有两个人暂时停职。卡耐基的这个处理非常果断，并为自己的严厉作风颇为自得。之后年事渐长，阅历日深，卡耐基反思往事，极悔当时处置过严。他说："我每想到这事，心中便觉不安。那时我好像初次就职的法官，执法如山，雷厉风行，判决不免失之过苛，只有阅历才能带给人们以和平中正的德行。"卡耐基能做出此感慨，足见其已深悟宽以待人之道。

### 案例3　洛克菲勒

石油大王洛克菲勒曾经遇过的一件小事，便充分展露了他的高尚情怀。

洛克菲勒早年工作很忙，没有空闲时间从事运动锻炼。所以，他把运动器械中的弹簧拉链带在包里，一遇到机会，便将拉链挂在墙上进行锻炼。

有一次，洛克菲勒到他的一家分公司去，要见经理。由于没有直接打过交道，分公司的人都不认识他就是总经理。一位神态傲慢的职员见他穿着朴素，就把他当成普通人，冷冷地对他说："经理很忙。"

换个心高气傲的大老板，肯定会不满这位职员的态度和回答，但洛克菲勒却不在意，客气地说："等一等，不要紧。"

当时会客室中别无他人，而墙上正好有个适当的挂钩。洛克菲勒不愿浪费这段等待的时间，趁着空闲，便取出弹簧拉链做做运动。他正拉得兴致勃勃的时候，那个神态傲慢的职员被拉链的声音所扰，就跑进会客室责备洛克菲勒："这里不是健身房，赶快把运动器具收起来！"洛克菲勒不以为然，和颜悦色地接受责备，立刻把拉链收了起来。

不久，经理来了，很谦恭地请洛克菲勒进去。此时，这位职员才如梦初醒，方知洛克菲勒的真实身份，他惶恐万分，以为他的职位肯定会被换掉。虽然洛克菲勒临走时神态并无变化，还很客气地与他点头道别。

得罪了大人物，尤其是自己的老板，在不少人的心目中，当然不是一件好玩的事。这位职员也是一样，终日心神不宁，认为星期六发工资时，停职信将和工资同时到手。回家后，他神情沮丧地把这件事告诉了他的太太，搞得一家人情绪都不好。

星期六到了，无事发生。过了一个星期，又过了一个星期，几个月过去了，仍然什么事都没有发生。事情完全出乎这位职员的意料。此时，他才真正意识到洛克菲勒所具有的宽厚胸襟，绝不会将小职员的失礼芥蒂于心。

### 四、勇于改错

胸怀宽广之人，都是勇于承认错误并努力改正错误的人。如果说胸怀宽广是人的气质、风度上的表现，那么勇于改错就是人在实践行为上的体现。勇于改错的人是一个真诚的人，一个虚心的人，一个有气度的人。这同样也是人身上的一种美德。

### 案例 1　总统竞选时的宣传画册

美国前总统罗斯福在参加总统竞选时，竞选办公室为他制作了一些宣传画册，画册里有罗斯福总统的相片和一些竞选信息。可就在要分发这些画册的前两天，突然传来消息说宣传画册中的一张图片的版权出了问题，他们无权使用，这张照片归某家照相馆所有。可是时间来不及了，如果这样分发下去，将意味着一笔巨大的版权索赔费用。

一般情况下的做法是派人去这家照相馆协调，以最低的价格买下这张照片的版权。可是竞选办公室没有这样做，他们通知该照相馆：总统竞选办公室将在他们制作的宣传画册中放一幅罗斯福总统的照片，贵照相馆的一幅照片也在备选之列。由于有好几家照相馆都在候选名单中，所以竞选办公室决定借此机会进行拍卖，出价最高的照相馆会得到这次机会。如果贵照相馆感兴趣的话，可以在收到信后两天时间内将投标寄出，否则将丧失竞价机会。

结果，很快竞选办公室就收到这家照相馆的竞标和支票。这本来是一个应向照相馆付费的问题，由于善于改错，却变成了照相馆付费。

### 案例 2　《太阳报》的一次纠错

纽约《太阳报》的某位总编有个工作习惯，他认为必须刊登的稿件，就会在稿件上注个"必"字。凡注有"必"字的稿件都须刊登，下属都不敢擅自删改稿件的内容。

一次，有一个青年编辑见一稿件上有如下一段文字："敬向阅者莱德先生，深致谢意。他赠给我们一个鲜红硕大的苹果，这果品不仅特色、香味俱臻上乘，而且不易为他人误取，因果皮上印有本报编辑的姓氏，笔画分明。令人不得不惊叹人工栽培的奇迹。神秘玄妙，莫测高深！"

这份稿件上注有总编的"必"字。但青年编辑认为这篇文字赞扬过当，内容幼稚。苹果皮上显露字迹，无非是在苹果尚未成熟，表层还是青色之时，剪纸为字，粘贴其上。其后果实逐渐成熟，果皮被阳光照射的部分渐变红色，而被纸片遮掩的部分不受阳光，仍为青色，字迹就显露出来了。这种常识，即使在儿童阅览的自然科学的书籍里也多有记载，仅属雕虫小技，没有什么值得大惊小怪的。于是，青年编辑出于为报纸的声誉考虑，甘冒违反总编的责罚，毅然删除了这篇稿件。

第二天早上，总编追究注有"必"字的谢赠苹果稿件为什么没有刊登。青年编辑虽为总编声威所慑，内心有所不安，但仍据理力争，解释删去的理由。

总编的确是一个勇于改错之人，立刻从善如流，绝不稍存芥蒂，他大度地对青年编辑说："理由确实充足，无须顾及注有'必'字的稿件而觉不安。今后仍盼你一如既往地爱护本报，努力去做。"

青年编辑删除揄扬苹果的一篇文章，纯然出于理智的判断，一点也未存私见，因为删除"必"字稿后，虽有冒犯总编的顾忌，而对于自己绝无利益可图。所以在判断事理时，他能超脱于利害关系之外，自己得到正确的定论，获得良好的效果。对于下属这种正确的意见和建议，当领导的如果气量狭窄，置之不理或寻隙打击，那才真是人财两亏。

## 案例3 孔子改错

据传，某日孔子带领着子路、子贡、颜渊等几个门生外出讲学。师生们来到海州，天空忽然电闪雷鸣，狂风暴雨大作。当地的一个老渔翁把他们领进一个山洞避雨。

这山洞面对着大海，是老渔翁平常歇脚的地方。孔子觉得洞里有点闷热，便走到洞口，观看雨中的海景，看着看着，不觉诗兴大发，吟成一联：风吹海水千层浪，雨打沙滩万点坑。

老渔翁听了忙道："先生，你说的不对呀！难道海浪整头整脑只有千层，沙坑不多不少正好万点？先生，你数过吗？"

孔子觉得老渔翁说的话有几分道理，便问道："既然不妥，怎样才合适呢？"老渔翁不慌不忙地说，"咱生在水边，长在海上，时常唱些渔歌。歌也罢，诗也罢，虽说不必真鱼真虾，字字实在，可也得合情合理，句句传神。依我看，你那两句应当改成这样：'风吹海水层层浪，雨打沙滩点点坑。'浪层层，坑点点，数也数不清，这才合乎情理。"

子路在一旁火了，冲着老渔翁说："哎哎，圣人作诗，你怎能乱改！"

孔子喝道："子路！休得无礼！"

老渔翁拍着子路的肩膀说："圣人有圣人的见识，但也不见得样样都比别人高明。比方说，这鱼怎么打，你们会吗？"一句话，把子路问了个哑口无言。

老渔翁瞧着子路的窘态，也不答话，转身奔下山去，跳上渔船，撒开渔网，打起鱼来。

孔子看着老渔翁熟练的打鱼动作，想着他谈海水、改诗句、议"圣人"、责子路的情形，猛然间发觉自己犯了个大错误，于是把门生招拢在一起，严肃地说："为师以前对你们讲过'生而知之'，这句话错啦！大家要记住：知之为知之，不知为不知，是知也！"

孔子说罢，顺口吟出小诗一首："登山望沧海，茅塞豁然开。圣贤若有错，即改莫徘徊！"

错了就是错了，过失就是过失，勇于改错、改过，这是事业成功所必需的共同点。作为创业者，如果不具备知错能改、勇于改错的美德，说不定一个小小的过失就可能给你带来巨大的经济损失。而你若能虚心听取他人或下属的意见或建议，或许你在无形中就避免了自己在经济上的损失，甚至会带来利益。

### 五、冒险精神

冒险精神是创业精神的必然要求。是否敢冒风险，是创业者能否实施创业的重要前提。"风险"一词最为普遍的一种说法是，在远古时期，以打鱼捕捞为生的渔民们每次出海前都要祈祷，祈求神灵保佑自己能够平安归来。他们认识到，在出海捕捞打鱼的生活中，"风"给他们带来了无法预测、无法确定的危险，因此这便是"风险"一词的由来。"风险"基本的核心含义是"未来结果的不确定性或损失"，从认识论的角度讲，"冒险"就是勇于探索、勇于实践。冒险精神是个性品质中最宝贵的资源力量。

### 案例1　王均瑶

温州商人王均瑶是中国私人包机的第一人，他的成功就是源于冒险。1991年春节前夕，当时还是温州金城实业公司驻长沙办事处主任的王均瑶，赶回家过年，因为买不到火车票，就与几位同乡包了一辆大巴车回家。去温州的山路不好走，汽车在漫长的山路中颠簸前行，把一伙人累得够呛，王均瑶随口感叹了一句："汽车真慢！"旁边的一位老乡挖苦说："飞机快，你包飞机回家好了。"说者无心，听者有意，别人眼里的一句讥讽，却是王均瑶的当头棒喝。这位爱思索的年轻人开始反问自己："土地可以承包，汽车可以承包，为什么飞机就不能承包呢？"王均瑶决定大干一番。

在人们的质疑声中，王均瑶义无反顾地踏上了"包机"的道路。他独自一人筹划了很长一段时间，而后又进行了长达八九个月的走访、市场调查和跟有关部门的沟通。首先，他说服了湖南省民航局：温州至长沙的航班客源充足。他调查到至少有 1 万左右的温州人在长沙做生意，并且温州商人不仅把时间看作金钱，还把精力消耗列作一项经营成本。另外，为了消除民航局对经营风险的担心，王均瑶采用了"先付钱，后开飞"的合作模式，"我先把几十万元钱押给你们，等于每次先付钱，后开飞，这样你们就'旱涝保收'了。"这句话打动了民航局的心。

在跑了无数个部门、盖了无数个图章后，温州至长沙的包机航线终于开通了。1991 年 7 月 28 日，对王均瑶来说是个值得纪念的日子。随着一架民航客机从长沙起飞平稳降落在温州机场，中国民航的历史被一个打工仔改写了。一时间，各大新闻媒体竞相报道，称此举是中国民航扩大开放迈出的可喜一步。"那是我生命中最重要的一天。我的个人形象、人生道路都改变了！如果说人生是个大舞台，那一天，作为一名演员，我面试合格，被允许登上舞台。"王均瑶这样评价自己在生意场的首次重要"演出"。

他的冒险精神被当时的人看成白日梦，但是敢想的他并没有让自己的理想止于想象，而是积极地去把自己的想法变成实际行动，所以凭借自己敢想敢干的韧劲，他成功了，成为人们关注的焦点人物。

## 案例 2　花匠

日本三洋电机的创始人井植岁男有着成功的事业和辉煌的人生。他雇用了一名花匠，花匠勤劳踏实，技艺精湛。

有一天，花匠对他说："社长先生，我看您的事业越做越大，而我却像树上的蝉，一生都坐在树干上，太没出息了。您教我一点创业的方法吧。"

井植点点头，说："行！我看你比较适合园艺工作。这样吧，在我工厂旁边有 2 万平方米的空地，我们合作一起种树苗吧！一棵树苗多少钱才能买到呢？"

花匠说："40 日元。"

井植又说："好，除去过道，2 万平方米大约能种 2 万棵，树苗的成本大概是 100 万日元。3 年后，一棵树能卖多少钱呢？"

"大约 300 日元。"花匠回答。

"100 万日元的树苗成本与肥料费由我支付，以后 3 年，你负责锄草和施肥工作。3 年后，我们就可以有 600 多万日元的收入，到时候我们一人一半。"

听到这里，花匠却慌忙拒绝说："哇！我可不是做生意的料，不敢做那么大的生意！"

最后，花匠还是在井植家中做园艺工作，按月领取工资，始终过着平凡的生活。

胆量和财富之间有着割舍不断的联系。创业就要有冒险精神。因为任何一种创业形式都是在前人或自己没有做过的基础上的发现，不敢冒风险，就不可能收获创业成功。

创业难度越大，风险越高。所以创业要有"吃第一只螃蟹"的勇气，要有"敢为天下先"的魄力。

### 案例3　尤伯罗斯

1984年以前的奥运会对举办国而言，往往是喜忧参半。能举办奥运会，自然是国家民族的荣誉，也可以趁机宣传本国形象，但是以新场馆建设为主的巨大硬件软件投入，又将使政府负担巨大的财政赤字。1976年，加拿大主办蒙特利尔奥运会，亏损10亿美元，预计这一巨额债务到2003年才能还清；1980年，苏联莫斯科举办奥运会时，总支出达90亿美元，具体债务更是一个天文数字。奥运会几乎成了为"国家民族利益"而举办，为"政治需要"而举办。赔本已成奥运会的定律。

直到1984年由美国商界奇才尤伯罗斯接手主办的洛杉矶奥运会，凭他的冒险精神，才改写了奥运经济的历史，不仅首度创下了奥运史上第一笔巨额赢利纪录，而且建立了一套"奥运经济"模式，为以后的主办城市如何运作提供了样板。

尤伯罗斯从政府开始，寻求创新。洛杉矶市政府在得到第23届奥运会主办权后，不动用任何公用基金，因此开创了民办奥运会的先河。

第一步，开源节流。他决定想尽一切办法节省不必要的开支。首先，他本人以身作则不领薪水，在这种精神感召下，有数万名工作人员甘当志愿者；其次，沿用洛杉矶既有的体育场；再次，把3所大学的宿舍作为奥运村。仅上述后两项措施就节约了数以十亿元美元。

第二步，举行声势浩大的"圣火传递"活动。奥运圣火在希腊点燃后，在美国举行横贯美国本土15万公里的圣火接力。用捐款的办法，谁出钱谁就可以举着火炬跑上一程。全程圣火传递权以每公里3000美元出售，15万公里共售得4500万美元。尤伯罗斯此举实际上是在拍卖百年奥运的历史、荣誉等巨大的无形资产。

第三步，狠抓赞助、转播和门票三大主营收入。尤伯罗斯出人意料地提出，赞助金额不得低于500万美元，而且不许在场地内包括其空中做商业广告。这些苛刻的条件反而刺激了赞助商的热情。尤伯罗斯最终从150家赞助商中选定30家。此举共筹到117亿美元。最大的收益来自独家电视转播权转让。尤伯罗斯又首次打破奥运会广播电台免费转播比赛的惯例，以7000万美元把广播转播权卖给美国、欧洲及澳大利亚的广播公司。而门票收入，也通过强大的广告宣传和新闻炒作取得了历史上的最高水平。

第四步，出售以第23届奥运会吉祥物山姆鹰为主的标志及相关纪念品。

结果，在短短的十几天内，第23届奥运会总支出500多亿美元，是原计划的10倍。尤伯罗斯本人也得到400多万美元的红利。在闭幕式上，国际奥委会主席萨马兰奇向尤伯罗斯颁发了一枚特别的金牌，报界称此为"本届奥运会最大限度的一枚金牌"。

尤伯罗斯的举措体现了几个方面的创新：一是改变了奥运会由举办国政府买单的惯例，将奥运会转为商业化动作；二是与商业界、广播电台等打造了双赢的局面；三是开发了奥运会附属商品，如纪念品等。而这些，在此之前的历届奥运会的举办史上都是不曾有的。

尤伯罗斯的冒险精神实现了对旧模式的创新。而冒险精神又无一例外地是建立在打破旧观念、旧传统、旧思想、旧模式的基础上的。只有跳出传统思想的圈子，敢于冒险，才能开拓自己的思路，创新自己的方法，找到解决问题的最佳途径。尤伯罗斯做到了这一点，他无疑是个成功者。

## 六、创新意识

创新意识是人们对创新与创新的价值性、重要性的一种认识水平、认识程度以及由此形成的对待创新的态度，并以这种态度来规范和调整自己的活动方向的一种稳定的精神态势。

创新意识总是代表着一定社会主体奋斗的明确目标和价值指向性，成为一定主体产生稳定、持久创新需要、价值追求和思维定势及理性自觉的推动力量，成为唤醒、激励和发挥人所蕴含的潜在本质力量的重要精神力量。

具有创新意识的人，不仅能把所学的知识转化为能力，还能在生活中发现新的因素，创造新的东西。

### 案例1　爱迪生

爱迪生是全世界公认的"发明大王"，这美誉当然是人们对他为人类作出巨大贡献的一种认可和赞许。但是，爱迪生的成功并不是因为他有什么超人的聪明才智，更不是他碰到了别人所遇不到的机会，而是因为他有着超出常人的强烈的创新意识。

爱迪生为了发明白炽灯，曾试用了上千种材料，总共进行了近万次试验。在漫长而又单调的试验中，当同伴们失去信心的时候他仍然用坚定的信念去鼓励大家。他说："任何问题都有解决的办法。我们试用的材料越多，我们离找到的材料也就越近……"这是多么自信而坚定的语言啊！近万次的徒劳试验，在一般人的眼里已有理由将它视为没有了"可能"。但是，在爱迪生的眼里却有着相反的认识，失败丝毫没有动摇他的信心。这种锲而不舍、勇敢探索、苦苦追求的精神，不正体现了爱迪生强烈的创新意识吗？

更令人感动的是当爱迪生的许多珍贵的发明资料被一场大火吞噬之后，妻子伤心地问他今后怎么办？已经年近70岁的爱迪生未加任何思索，毅然回答："从头再来。"爱迪生的回答是那样的简单，其实越是简单，越能够说明爱迪生在创新问题上有着毫不含糊、义无反顾的高尚追求。

为了能够进一步认识爱迪生的创新意识，我们可以换位比较：假如是年近70岁的我们面临了这样一场事业上的灾难，我们是否也能毅然回答"从头再来"呢？对于绝大多数人来讲这是不可能的，因为进入这个年龄段的人，他们的"进取意识"常常已经退化。

进行创新需要有一种强烈的创新意识。对于这一点，爱迪生在谈到自己创新的体会时，他是这样告诉我们的："天才不过是百分之一的灵感加上百分之九十九的汗水"。我们不难理解，这"百分之九十九的汗水"其实就是从"痴心"的创新意识里"拧"出来的。

## 案例2　戴尔

美国著名企业家、戴尔电脑公司总裁迈克尔·戴尔总是喜欢这样说："如果你认为自己的主意很好，就去试一试。"正因为如此，戴尔才成为创业巨子。他所经营的企业是美国第四大个人电脑生产商，他自己也是《财富》杂志所列500家大公司的总裁中最年轻的一个。

戴尔是在得克萨斯州的休斯敦市长大的，有一兄一弟，父亲亚历山大是一位畸齿矫正医生，母亲兰是证券经纪人。在3个孩子中，戴尔在少年时期就显露出敢想敢为、干劲十足的优势。12岁那年，戴尔做了一件令大人吃惊的事：在集邮杂志上刊登广告出售邮票。后来，他用赚来的2 000美元买了他的第一台个人电脑。他把电脑拆开，研究它是怎样运转的。

戴尔读高中时，找到了一份为报纸征集新订户的工作。他推想新婚的人最有可能成为订户，于是雇请朋友为他抄录附近刚结婚的人的姓名和地址。他将这些资料输入电脑，然后向每一对新婚夫妇发出一封有私人签名的信，允诺赠阅报纸两星期。这次他赚了1.8万美元，买了一辆德国宝马牌汽车。买车时，汽车推销员看到这个17岁的年轻人竟然用现金付账，顿时瞠目结舌。

第二年，迈克尔·戴尔进了奥斯汀市的得克萨斯大学。像大多数大一学生那样，他需要自己想办法赚零花钱。那时候，大学里人人都在谈论个人电脑，人人都想买一台，但由于售价太高，许多人买不起。一般人所想要的是能满足他们的需要而又售价低廉的电脑，但市场上没有。戴尔心想：经销商的经营成本并不高，为什么要让他们赚那么多的利润呢？为什么不由制造商直接卖给用户？戴尔知道，IBM公司规定经销商每月必须提取一定数额的个人电脑，而多数经销商都无法把货全部卖掉。他也知道，如果存货积压太多，经销商会损失很大。发现了创业机会的戴尔立即行动，于是，他按成本价购得经销商的存货，然后在宿舍里加装配件，改进性能。这些经过改良的电脑十分受欢迎。戴尔见到市场的需求巨大，于是在当地刊登广告，以零售价的八五折推出他那些改装过的电脑。不久，许多商业机构、医生诊所和律师事务所都成了他的客户。

今天，戴尔电脑公司在全球几十个国家设有分公司，每年收入超过几十亿美元，这与戴尔具有强烈的创新意识分不开。

## 案例3　中松义郎

在日本有一位被誉为"当代爱迪生"的世界著名发明家中松义郎，到目前为止他已经获有2360多项发明专利。其发明范围小至家庭的生活日用品，大到社会上广泛应用的电器用品、计算机用品等，可以说在现今的许多领域我们几乎都能看到他的创新踪迹。数量之多、范围之广的发明被中松义郎成功地创造出来，究其成功的原因就是中松义郎先生具有强烈的创新意识。在这里我们仅仅讲述一件事，就足以说明中松义郎先生2360多项发明专利能得以问世的根本原因。

中松义郎在东京大学工学部毕业之后，同其他同学一起来到大商社三井物产的机械处特种飞机科就职。企业领导给这些前来就职的新人的工作就是当推销员，推销员的定额任务是每人每月要销售一架农用直升机。若完不成这项任务，等待他们的将是被解雇。面对这样的推销压力，前来就职的同学们都绞尽脑汁去做别人的文章——投亲告友请他们帮助自己卖飞机。但中松义郎却没有这样做，而是凭借自己的创新意识及其智慧取得了最终的成功。

中松义郎非常明白，为了能够更好地做好农用飞机的推销工作，自己必须了解飞机的各种性能。因此，他开始对飞机的各种性能仔细观察。一天，他在观察直升机起飞的过程中，突然眼睑内溅进沙尘，眼睛顿时疼痛难忍。处在这种情况下，一般人的第一反应常常是不顾一切地要找大夫或是求助别人帮忙——立即将眼睑内的沙尘冲出。但对于这样的疼痛难忍，中松义郎并没有像一般人那样。相反，在这时他却不解地问自己："沙尘按理讲应落在我的下眼睑里，为什么偏偏却溅到上眼睑呢？"一种反常现象的出现，瞬间引起了中松义郎强烈的注意，并且迅速地将其与创新挂起钩来。经过后来的分析得知沙尘微粒溅到上眼睑里的原因之后，具有强烈创新意识的中松义郎没有就此罢休。他把这种"机理、效果"加以扩展，并与飞机喷洒农药于作物叶子背面的要求结合了起来。

中松义郎亲自参与了喷洒农药装置的制作，此装置利用了直升机飞行旋转翼把空气和农药旋向地面，然后弹回，使农药喷到叶子背面。正式喷药试验那天，中松义郎提前潜入农田，亲身体验和感受药物喷洒情况。待药物喷洒完毕之后，前来参观的人们摘下片片叶子进行察看，果然发现在片片叶子的上面和背面都沾满了农药，且杀虫效果非常好。人们都不约而同地要向中松义郎表示祝贺。然而，过了很长一段时间，人们才发现如同"雪人"一般的中松义郎带着满意的神态从田地的深处走了出来。痴心般的追求使中松义郎早已忘记了农药对自己身体的危害，他感动了在场的人。

由于中松义郎设计的喷洒农药方法的试验成功，使得大商社三井物产的农用直升机销售量有了很大的增加。之后，中松义郎在大商社三井物产的地位我们也就可想而知了。

人们创新意识淡薄的原因，主要是对创新的认识存在"偏""浅""轻"的问题。

"偏"是因为我们还没有把创新工作视为全民性的行动，视为每个人包括自己都可以进行，而且也应该不断进行的工作。相反，把创新工作看得非常神秘、高不可攀，认为必须要有高深的知识和理论才可以完成它。对于一般人来讲，即使是自己有创新之心，也没有那样的创新之力。由于这些认识上的偏差，使自己远离创新。

"浅"是因为许多人虽然天天都在享受着别人的创新给自己带来的幸福和方便，

但是，许多人并没有将这些创新看得那么重要。这主要是由于对创新的意义、作用和知识产权的宣传教育力度不够。

"轻"则是有些人把创新的"有"与"无"看得非常"淡"。甚至有的人认为："搞创新，一天是吃三顿饭；不搞创新，一天也是吃三顿饭。我没有进行创新，不是照样生活得很好吗？"这样的想法是客观存在的，但是把它作为可以不去进行创新的理由，并由此来决定自己对待创新的态度，这是极其错误的。

创新意识是一种独特的思维意识，是创新思维和创新活动的基本前提与条件，它直接决定创新活动的产生和创新能力的发挥，常表现为不受传统观念的束缚，敢于大胆幻想，敢于联想和想象。

发财之道，无奇不有，各有各的高招。然而这些高招都是创业者创新意识的产物，都是他们作为致富的有心人，想他人之未想，想他人之不敢想的结果。

**作业：**

1. 根据上述案例，谈谈你的想法或受到的启发。

2. 组织小组讨论，以小组为单位派出代表说出小组的想法。

3. 请把自己的想法写下来。

# 第二节　商务素质

商务素质是人们创业时必不可少的经营能力的集中体现，是创业的核心素养。商务素质也可以理解为怎样让钱找钱的素质。这是一种特殊的智慧、特殊的本领、特殊的素质。无论是搞产品制造，还是进行商业经营，一个人或许不是某一领域的专家，但这并不妨碍你在各自的产业领域中建立自己的强大企业。是否是专家并不是创业的必要条件，而有无商务素质，则是能否取得创业成功，财源滚滚的关键所在。

商务素质由行业素质、经营素质、财务素质、管理素质、法治素质组成。要创业，必须根据自己的需要在这些方面下功夫充实、完善自己，以顺利实现创业目标。

## 一、行业素质

熟行、懂行，是行业素质的通俗说法。对该行业商品的性能、功能、特点和定价等的熟悉及对货源、客源情况的了解，有利于进货推销；懂得该行业与其他行业的经营方式、经营特点等，有利于经营发展；能够建立起该行业的业务网络、合作网络和相关的关系网络，有利于拓展业务；懂得该行业的行业传统、惯例、行业准则、行规等不成文的规矩，以免犯忌触礁，酿成祸患。这就是我们应该具备的基本的行业素质。

### 案例1　拿破仑·希尔的经典范例

成功学大师拿破仑·希尔有一个指导创业的经典范例：有一位退伍军人找到希尔，询问成功的原因。他说："我原来也有一个梦，想成为百万富翁。但是现在却仍然一无所有，非常失望。我只想找一份工作，一份能够养家糊口的工作。"

这个人的斗志已经被挫折磨掉了，要求已经很低。

希尔说："我可以让你成为百万富翁。"

他一下子惊呆了，完全不敢相信自己的耳朵，认为希尔是在跟他开玩笑。

希尔接着郑重地问："以前，你都学过什么？"

"我有健康的身体，还有一身破烂的衣服，除此之外，就没有了。对了，入伍前我学过烹调，学得一手好厨艺。"退伍军人回答说。

"足够了。"希尔说，"你不光有健康的体魄，还有一门手艺，更重要的是你还得树立积极的进取心，这是你一笔巨大的无形资产，你为什么不运用销售技巧，去说服家庭主妇买你的烹调器具呢？"

"这个也行？可以挣100万？太不可思议了。"

"什么事情都有可能发生，不怕做不到，就怕你想不到。"

希尔借给他足够的资金，让他去买了像样的衣服，然后放手去做烹调器具的买卖。

第一个星期，他挣了100美元。

然后，他通过营销方面的培训，开始大规模的经营。

结果不到4年的时间，他就真的挣到了第一个100万美元。

希尔的点化之术，确实有些奇妙，将一无所有的人"变"成了百万富翁，可以说是起死回生。其中一个重要的原因，就是退伍军人有一手好厨艺。其实，既有厨艺之长，经营饭馆也是顺理成章的事，但是希尔并没有把它直接相结，而是把相关的烹调器具的买卖结合了起来，竟产生了水到渠成的效果。

试想，精通厨艺的人去推销厨具，恐怕比生产厂家对厨具的性能、功效，以及作用等说得还要精细、到位，假如再把厨艺上的高超技艺贯穿到怎样使用厨具上，要想让家庭主妇们不买厨具都很困难。

这个案例告诉我们，创业要选择与自己特长相关的行业。

### 案例2 索尼公司的一次教训

日本索尼公司闻名于世，名列日本最大的电器生产商之列。但是，他们在经营上曾有过一次惨重的失败教训，就是选择了不懂行的人来为自己做事，结果将大把大把的钞票扔进了水里。

索尼公司开始生产录音机时，发现山叶公司向学校推销钢琴很成功，就委托山叶公司向学校推销他们的录音机。为此，他们生产了大量的录音机，指望山叶公司能把成千上万的学校结合成一个庞大的销售网络，把所有的录音机都销售出去。但是，索尼的决策者们忽略了一个看似微小实则重大的细节，就是推销任何一种产品都需要了解这种产品的性能，要给购买者解说这种产品的使用和维修等诸多事项。很明显，就是要懂行。然而，山叶公司却没有这样的能力，自然未能把产品推销出去。结果，索尼公司这一次赔惨了。

索尼之举，应该说是商业老手发生了不该发生的新问题，不是自己不懂行，而是选择的人不懂行。倘若是因自己不懂行而蛮干，那就恐怕不是一次重大损失的问题，而是有可能导致全军覆没了。

### 案例3 老董的房屋中介服务

每一个人在自己所从事的工作中都积累了丰富的经验，这就是专家和行家。如果能充分发挥自己的专业技能，比如，原来所从事的工作对你来说是最熟悉的，创业时就可以将自己熟悉的工作作为首选，那么赚钱就会轻车熟路。

前些年，董泽中从建设局退休了，本来可以过一种清闲的生活，可是儿子即将结婚，买房成了问题，没有那么多钱。老董原来在建筑公司，调到建委还不到5年，虽然退休费比较高，但要买房还是很困难。

一个偶然的机会，老董到市区新开发的楼房那里转悠，看着一栋栋风格各异、豪华气派的楼房，老董心里很羡慕。自己一辈子也没有住过这样的房子。他住的还是自己用很少的资金买下的建筑公司分的房子。这么多年就为了给儿子攒钱买新房，谁知到现在还是没攒上。老董正在发表感慨，这时走过来一对买房的夫妇。

闲聊之中，那位先生得知老董是从建委退休的，就惊讶地对老董说："遇上你太好了！我们正想找个懂行的咨询一下。上午我们看中了一套住房，户型、朝向都好，订金也交了，可是心里就是不踏实，对房子建筑质量不太放心。我们从外地来，走遍全城也没找到房产咨询公司啊！要不，我们请你当参谋，可以吗？"那位先生像遇到救星一样，一口气把心里的话儿向老董全部吐了出来。

还真像这位先生所说，当地确实没有"房产咨询公司"。这里不像大城市，开发商只管盖楼，销售找经纪公司。小地方的开发商都是开发、销售一条龙，其他人不懂这行自然也不敢轻易给人咨询。老董可是跟建筑打了一辈子交道，他是正规大学建筑系毕业的，先从基层开始，干过基建，搞过设计，又做过管理，这种事对他来说简直小菜一碟，于是就答应了那对夫妇的要求。老董随着他们来到看好的楼房，检查了差不多一个小时，肯定地点点头："房子没有什么问题，你们放心吧。"

那位先生笑逐颜开，从兜里掏出钱包，取了5张100元的钞票，递给老董："给！看房的咨询费。"

500元？1小时就挣了这么多！老董不敢接，连连摆手。自己在建委一个月的工资才2000多元啊！那位先生笑了："这是你该得的！买套房子几十万，一辈子的大事，如果有质量问题，500元钱可解决不了啊。"那位先生在感激之余记下了老董的电话。

没想到自己退休了还能派上用场，老董心里很高兴。一个星期后，那位先生又来了，这次是陪他的同事来看房，照样请老董当参谋。看完后，他们又给了老董一笔感谢费，而且诚恳地对老董说："我们在大城市打工，辛辛苦苦攒了点钱，可是大城市房价太高，所以只能到小一点的地方来买了。但也是一辈子的血汗钱，怎敢大意啊！遇上你心里就踏实了。"

陪人看房也能生财，大大出乎老董的意料！就这样，两次陪人看房后，老董做出了开房产咨询公司的决定。

2000年，国庆黄金周期间，正是楼市火爆的时候。老董印刷了20盒名片，他的房产咨询公司开张了，其实就在自己楼下临街的平房里。因为儿子住单位宿舍，老伴白天去上班，家里很清净，有了大客户老董就领到楼上自己家里。他每天都注意看电视和报纸上的广告，听说哪家楼盘开盘了，交楼了，不管多远，他总是骑着一辆自行车一大早就出发，穿梭于各大楼盘的售楼处，守在新楼盘外围，向客户们派发名片。

没想到，老董的看房服务引起了许多人的兴趣。因为房地产开发涉及的法律法规很多，作为购房人根本不可能完全了解。如果房子有一点不符合法律法规的地方，吃亏的是购房者。老董在建委时也解决过不少投诉商品房质量问题的事情。现在，这些看房的人围住他纷纷说：都是因为建筑行业太专业，而房地产市场还不规范，我们哪里懂得那么多东西啊！

没过几年，老董在当地已经赫赫有名，顺利地赚到了第一桶金，还想把自己的业务扩大到大城市。当然，他也在儿子结婚前为他买上了新楼房。老董赚钱为自己买新楼房的目标也实现了。

在通常情况下，不熟不做是创业最基本的原则。因为你熟悉这个行业的经营方式，你在工作中也积累了一定的经验，这样创业时你就可以少走弯路。在许多成功的创业者中，他们所选择的业种都是老本行或与所从事的职业密切相关的行业。

选择自己熟悉的行业往往与不脱离自身条件进行创业是联系在一起的。如果脱离自身的条件进行创业，草率行事，那么等待你的很可能就是失败。比如房地产开发，需要大资金运作；选择软件开发，需要较高的知识技术背景。当然，条件不具备，并不等于不能创业，你可以创造条件：积累资本、学习技术、掌握经验，准备越充分，创业的胜算也就越大。

## 二、经营素质

经营素质是人们在进行商品经营活动时所表现出来的各种能力的总称。有无经营素质或经营素质的强弱，在很大程度上决定着创业者是否适合从事经营理财活动，也决定着你在这一事业上的成功或失败。经营素质对创业者的要求由经营原则、经营设想、市场分析能力、营销能力、决策能力五大要素构成。

### 1. 经营原则

经营原则是企业日常经营行为的准则和规范，其最为核心的内容有两点：一是树立良好的企业形象，或者说商业信誉；二是全方位地为顾客提供优质服务，即"顾客就是上帝"。

任何企业，无论大小，不管意识到还是没有意识到，制订还是没有制订出企业的经营原则，它事实上都是存在的。因为企业的经营行为，总是在一定的观念或原则下施行的。制订出企业的经营原则，是一种有目的的清醒的自觉行为，有利于企业经营。

2. 经营设想

经营设想是创业确立的经营方向、方式和特色。这是任何创业者都必须经过的一步，也是任何现有企业若要实施转向经营不可缺少的一步。一个好的经营设想，不仅能为企业的初创带来起步的喜悦，还会为企业长期稳定的发展提供坚实的基础。

3. 市场分析能力

市场分析能力是对某种产品的市场供需状况，即顾客的需求情况和从事该种产品的生产及经营企业情况的调查、分析并做出判断的能力。说得直接一点，市场分析就是主要针对创业者经营设想中的经营方向进行市场验证。

市场分析是一个很复杂、很细致的工作，如果真要按照市场分析那样做下去，生意就不用做了，那你就忙着去搞一套又一套的市场调查，收集完这样或那样的信息资料吧。很多事，创业者不必事必躬亲。许多有价值、有用的信息，我们可以从报纸杂志中查阅，落实一些必需的实际情况，本人可以去，也可以派其他值得信赖的同志去。

对创业者来说，市场分析要尽量简化，因为越复杂问题也就越多，如果还未开业，你就被各种各样的困难和麻烦搞得焦头烂额，你还有什么心思和勇气去创业呢？

产品质量需要提高，性能需要改进，甚至整个产品都需要更新换代等等。有很多事情，是有待于干起来再说的。

4. 营销能力

营销能力主要是指创业者在产品的经营、销售和宣传上所表现出来的分析事务、处理事务、完成事务的水平。水平越高，营销能力越强，水平越低，营销能力越差。

企业营销是指将企业拥有的产品或服务从企业转移到购买者（顾客）手中的企业经营活动。创业者创业初期的营销策略是：

（1）要认清自己生存的微观环境。

对中小企业来说，暂不要去管全球化及行业的市场发展和走势对自己的影响。一定要清楚，你的任务是生存下来，并迅速积累资金。微观生存环境就是你的前10名客户（或者你的资源在一年内有能力提供服务的客户）。这些客户就是你的企业能否生存下去的一切。要把这些客户的需求研究透，关系熟到家。

（2）要认清自己竞争的优势所在。

有些中小企业启动是因为已有固定的客户，产品并没有特别优势，这类企业在开发新客户时会遇到困难，如果这些启动客户成长迅速，幸运的话，企业可依靠他们完成原始积累。大多数企业是因为具有某项新技术或富有特色的产品而起步，这类企业生存的基础是产品对客户的吸引力。大众化以及技术容易被仿造的产品不是小企业的优势。应选择开发满足客户独特需求，客户价值显著，效果立竿见影的产品或服务。与大企业相比，中小企业更贴近客户、更了解客户、反应迅速、客户关系更好、服务更全面周到。千万不要忘了发挥这些优势。

（3）将所有的策略和力量集中在前 10 名客户身上。

不要泛泛地制定产品、市场策略，要将所有的策略和力量集中在前 10 名客户身上。中小企业没有资源打大战役，先攻下这几个山头，有了根据地再说。不要试图一开始就建立全国性的营销网络，销售人员要少而精。

（4）根据客户特征对每一个客户制定专门的销售策略。

要发挥集体的力量来制定策略，重视销售员的经验。要树立以整个公司的力量和经验去对待客户的销售观念。

（5）时刻注意客户风险，确保财务安全。

制定严格的付款政策，第一批客户的信用调查很重要，不要看表面现象，通过其他供应商特别是其产品的销售情况可以了解其真实的经营情况。

从创业者的角度讲，营销能力的表现不能以一个营业员、推销员的标准来衡量，尽管你可以做一个优秀的营业员、优秀的推销员，但这不能代替你作为一个管理者的营销能力。

5.决策能力

决策能力是创业者不可或缺的重要能力之一。对一个企业或公司来说，无论其大小，创业者决策能力的强弱，都直接关系到该企业的成败与得失。

决策管理不在于掌握知识的多少，而在于对基础管理的认真求实，不断想出新的办法。

### 三、财务素质

财务素质是立足于经营理财的商务素质上来说的，是一个创业者进行投资经营，以钱生钱的智慧和能力。作为一个创业者，至少要了解资产、债务，成本与费用，销售收入，创业公司需要缴纳哪些税以及如何计算利润等基本知识。

### （一）资产、债务

1.资产

资产就是在完全没有收入的情况下，利用原来积累的金钱可以让我们存活的天数。我们要树立一个重要的观念，就是在现实生活中，最重要的不是你挣了多少钱，而是你能留下多少钱，以及能留多久。现在流行"月光族"。其中很多人每月收入不少，但基本上月月花光，甚至要到银行借贷进行透支消费，这样的人永远积累不了资产，也不具备抵御风险的能力。

归纳起来，真正的资产可以分为如下几类：

（1）不需要你到现场就可以正常运作的业务。你拥有它，但可以由别人进行经营和管理。

（2）股票。

（3）债券。

（4）共同基金。

（5）产生收入的房地产。

（6）票据（包括借据）。

（7）知识产权（专利权、著作权、商标权等）。

（8）其他有价值、可产生收入或可能增值并且能在市场上流通（具有可变现的能力）的东西。

一个人要尽可能地买入资产，从而走上致富之路，同时降低支出，这样积累的钱就可以进行投资，用钱生钱。

2.债务

债务是消耗（减少）你的现金或资产的必要开支。如当我们停止工作之后，必须缴纳的房屋贷款、汽车贷款以及其他商品贷款等。

这说明，资产就是能把钱放进你口袋里的东西，而债务则是把钱从你口袋里取走。

**（二）成本与费用**

成本与费用是两个既有相互联系又存在区别的会计概念，就一般意义来讲，成本费用泛指企业在生产经营中所发生的各种资金耗费。企业的成本费用也就是企业在产品经营中所耗费资金的总和。

1.成本

成本是商品经济的价值范畴，是商品价值的组成部分。人们要进行生产经营活动或达到一定的目的，就必须消耗一定的资源，其所费资源的货币表现及其对象化称为成本。

成本是生产和销售一定种类与数量产品以耗费资源用货币计量的经济价值。企业进行产品生产需要消耗生产资料和劳动力，这些消耗在成本中用货币计量，就表现为材料费用、折旧费用、工资费用等。企业的经营活动不仅包括生产，也包括销售活动，因此在销售活动中所发生的费用，也应计入成本。同时，为了管理生产所发生的费用，也应计入成本。同时，为了管理生产经营活动所发生的费用也具有形成成本的性质。

2.控制成本费用的方法

（1）控制原材料成本。

在制造业中原材料费用占了总成本的很大比重，一般在60%以上，高的可达90%，是成本控制的主要对象。影响原材料成本的因素有采购、库存费用、生产消耗、回收利用等，所以控制活动可从采购、库存管理和消耗三个环节着手。

（2）控制工资费用。

工资在成本中占有一定的比重，增加工资又被认为是不可逆转的。控制工资与效益同步增长，减少单位产品中工资的比重，对于降低成本有重要意义。控制工资成本的关键在于提高劳动生产率，它与劳动定额、工时消耗、工时利用率、工作效率、工人出勤率等因素有关。

（3）控制制造费用。

制造费用开支项目有很多，主要包括折旧费、修理费、辅助生产费用、车间管理人员工资等，虽然它在成本中所占比重不大，但因不引人注意，浪费现象十分普遍，是不可忽视的一项内容。

（4）控制企业管理费。

企业管理费是指为管理和组织生产所发生的各项费用，开支项目非常多，也是成本控制中不可忽视的内容。

3.降低成本的措施

（1）节约材料消耗，降低直接材料费用。

（2）提高劳动生产率，降低直接人工费用。

（3）推行定额管理，降低制造费用。

（4）加强预算控制，降低期间费用。

（5）实行全面成本管理，全面降低成本费用水平。

**（三）销售收入**

销售收入也称营业收入或经营收入，是指企业发生在商品产品、自制半成品或提供劳务，使产品所有权转到顾客，收到货款、劳务价款或取得索取价款凭证，而认定的收入，即企业产品销售和其他销售所取得的收入。前者的销售收入包括产成品、代制品、代修品、自制半成品和工业性劳务销售收入等。后者的销售收入包括除产品销售收入以外的其他销售和其他业务收入，如材料销售收入、包装物出租收入及运输等非工业性劳务收入。企业专项工程、福利事业单位使用本企业的商品产品，视同对外销售。

### （四）需要缴哪些税

依法纳税是公民和单位应尽的义务，税收是国家财政收入的主要来源，来之于民，用之于民，根据我国税法规定，所有企业都要依法报税和纳税。对于一般的创业公司而言，缴纳的税费只有 6 ~ 10 种，除去不经常发生且税率较低的小税种外，普通创业者需要重点关注的只有 4 种，分别是增值税、附加税、企业所得税及个人所得税。

1. 增值税

增值税属于商品和劳务税类，顾名思义是因销售商品或提供劳务而征收的税种，随着"营改增"的全面实施，所有公司都属于缴纳增值税的纳税人。

增值税的纳税人分为一般纳税人和小规模纳税人，一般纳税人门槛相对较高，多数创业公司是从小规模纳税人开始的，小规模纳税人适用的税率是 3%，开具的是增值税普通发票，不能进行进项抵扣。但值得一提的是，目前小规模纳税人月销售额在 10 万元以下的，按季纳税；季度销售额不超过 30 万元的，可以免征增值税。

2. 附加税

（1）城市维护建设税。

城市维护建设税是对从事工商经营，缴纳增值税、消费税的单位和个人征收的一种税。

城市维护建设税 =（增值税 + 消费税）× 城市维护建设税税率

（2）教育费附加。

教育费附加和地方教育附加是对缴纳增值税、消费税的单位和个人征收的一种附加费。

教育费附加以纳税人实际缴纳的增值税、消费税的税额为计费依据，教育费附加征收比率为 3%；地方教育附加征收比率为 2%。计算公式如下：

应纳教育费附加 =（实际缴纳的增值税、消费税的税额之和）× 征收比率（3% 或 2%）。

（3）印花税。

印花税是对经济活动和经济交往中书立、领受的凭证征收的一种税。印花税的征税对象是印花税暂行条例所列举的各种凭证。印花税由凭证的书立、领受人缴纳，是一种兼有行为性质的凭证税。

3.企业所得税

企业所得税是以企业的总收入扣除成本、费用和各项支出之后的利润总额为征税基数征收的税，国家规定的税率是 25%，小微企业可以申请低至 10%，国家需要重点扶持的高新技术企业减按 15% 的税率征收。

4.个人所得税

个人所得税也是财政收入的重要来源，但一提到个人所得税，几乎所有人都会想到工资超过 5000 元后应缴纳个人所得税，可个人所得税的征税范围比这要宽泛得多，"工资、薪金所得"只是个人所得税征税范围的一种，个人所得税的征收范围及税率是工资薪金 3% ~ 45%，个体工商户的生产经营所得 5% ~ 35%，企事业单位的承包经营、承租经营所得 5% ~ 35%，劳务报酬所得 20% ~ 40%，稿酬所得 20%，特许权使用所得 20%，利息、股息、红利所得 20%，财产转让所得 20%，财产租赁所得 20%，偶然所得 20%，其他所得 20%。

**（五）利润**

1.利润的定义

利润是指企业在一定会计期间的经营成果，利润包括收入减去费用后的净额、直接计入当期利润的利得和损失等。

直接计入当期利润的利得和损失，是指应当计入当期损益、会导致所有者权益发生增减变动的、与所有者投入资本或向所有者分配利润无关的利得和损失。

从狭义的收入、费用来讲，利润包括收入与费用的差额，以及其他直接计入损益的利得、损失。从广义的收入、费用来讲，利润是收入与费用的差额。

利润按其形成过程，分为税前利润和税后利润。税前利润也称利润总额：税前利润减去所得税费用，即为税后利润，也称净利润。

2.计算利润的方法

利润可以分为营业利润、利润总额、净利润三个指标，它们的计算公式分别如下。

营业利润 = 营业收入 - 营业成本 - 税金及附加 - 销售费用 - 管理费用 - 财务费用 - 资产减值损失 + 公允价值变动收益（- 公允价值变动损失）+ 投资收益（- 投资损失）

利润总额 = 营业利润 + 营业收入 - 营业外支出

净利润 = 利润总额 - 所得税费用

应交所得税 = 应纳税所得额 × 税率 − 减免税额 − 抵免税额

应纳税所得额 = 收入总额 − 不征税收入 − 免税收入 − 各项扣除 − 允许弥补的以前年度亏损

### 四、管理素质

管理素质是指创业者对企业的人、财、物及经营活动进行协调与管理的能力和才干。任何企业都离不开管理，离开了管理，企业就犹如一盘散沙，无法凝聚成一股强大的力量。而纪律、制度则是企业进行管理必不可少的基本保证。

在管理素质里面，创业者首先要了解的是对创业团队的管理。

#### （一）创业团队

创业团队是为了一个共同愿景、一起去做有可能失败却又有价值的事情的一群人。《西游记》中的西天取经团队、三国时代桃园三结义的刘关张、当代的中国合伙人，都是不同时代创业团队的典型代表。

创业团队成员既有共同性，又有互补性。共同性包括共同愿景、共同目标、共担风险和共享回报。互补性包括思维互补、技能互补、性格互补和资源互补。

无论多优秀的个体，必须与合适的团队相融合，才能发挥最大价值。无论多少个优秀的个体，如果没有共同的方向、没有共识、不懂协同，都不会成就一支强有力的团队，绝不会有成大事的机会。

今天的职场，无论你从事什么工作、处于什么环境，都无法脱离其他人对你的支持，靠个人单打独斗已经很难赢得胜利，只有通过团队的力量才能提升自我的竞争力。可以说，随着竞争的日趋激烈，团队精神已经越来越为企业和个人所重视，因为这是一个团队的时代。

创业团队的组成有目标、人、创业团队的定位、权限、计划五个要素。

#### （二）创业团队的分类

从不同的角度、层次和结构，可以将创业团队分为不同的类型。根据创业团队的组成者来划分，创业团队可分为三类：星状创业团队、网状创业团队和虚拟星状创业团队。

1. 星状创业团队

星状创业团队也称核心主导创业团队。一般在团队中有一个核心主导人物，充当了领军的角色。这种团队在形成之前，一般是核心主导人物有了创业的想法，然后根据自己的设想进行创业团队的组织。因此，在团队形成之前，核心主导人物已经就团队组成进行过仔细思考，根据自己的想法选择相应人物加入团队，团队的其他成员在企业中更多时候是支持者的角色。

这种创业团队有以下几个明显的特点：

（1）组织架构紧密，向心力强，主导人物在组织中的行为对其他个体影响较大。

（2）决策程序相对简单，组织效率较高。

（3）容易形成权力过分集中的局面，从而使决策失误的风险加大。

（4）当其他团队成员和主导人物发生冲突时，因为核心主导人物的特殊权威，使其他团队成员在冲突发生时往往处于被动地位，在冲突较严重时，一般都会选择离开团队，因此对组织的影响较大。

2. 网状创业团队

网状创业团队也称为群体性创业团队。这种创业团队的成员主要来自因经验、友谊和共同兴趣的关系而结缘的伙伴。一般都是在交往过程中，共同认可某一创业想法，并就创业达成了共识以后，开始共同进行创业。在创业团队组成时，没有明确的核心人物，大家根据各自的特点进行自发的组织角色定位。因此，在创业初创时期，各位成员基本上扮演协作者或者伙伴的角色。

这种创业团队有以下几个明显的特点：

（1）团队没有明显的核心，整体结构较为松散。

（2）组织决策时，一般采取集体决策的方式，通过大量的沟通和讨论达成一致意见。因此组织的决策效率相对较低。

（3）由于团队成员在团队中的地位相似，因此容易在组织中形成多头领导的局面。

（4）当团队人员之间发生冲突时，一般都采取平等协商、积极解决的态度消除冲突。团队成员不会轻易离开。但是一旦团队成员间的冲突升级，使某些团队成员撤出团队，就容易导致整个团队的涣散。

3. 虚拟星状创业团队

虚拟星状创业团队是由网状创业团队演化而来的，基本上是前两种的中间形态。在团队中，有一个核心成员，但核心成员地位的确立是团队成员协商的结果，因此核心人物某种意义上说是整个团队的代言人，而不是主导型人物，其在团队中的行为必须充分考虑其他团队成员的意见，不像星状创业团队中的核心主导人物那样有权威。

### （三）组建创业团队的要素

组建一支优秀的创业团队对任何创业者而言，都是一项至关重要的工作。创业者之所以多遭破产厄运，最主要的原因是他们缺少一支优秀的创业团队。力是相互的，人与人之间的关系也是，扯皮、争斗，只能是两败俱伤，唯有相互配合、团队合作，才能共同繁荣。

可以说，失败的创业者从创业一开始，就奠定了创业失败的命运。想要打造一支优秀的创业团队，先要看这个团队有没有具备以下要素。

1. 信任

老板和同事之间要互相信任，很多幸福团结的团队就毁于怀疑和猜忌。因此，对同事、员工要保持信任，不要让猜疑毁了团队。

虽然诚信看不见、摸不着，但它体现了一个人的品德、精神。我们应该诚信待人，诚信为侣走天下。

2. 换位

有时候，己所不欲，勿施于人。凡事不要把自己的想法强加给同事，遇到问题时要换位思考，站在对方的角度上想想，这样，你会更好地理解同事、员工。

每个人都有自己的思维，不管是同事还是朋友，要尊重别人，尊重别人的想法和说法，学会换位思考。

3. 沟通

相互沟通是维系团队的一个关键要素，话不要憋在肚子里，多和同事、员工交流，也让他人多了解自己，这样可以避免许多误会和矛盾。

沟通不是一种本能，而是一种能力，一个企业里业绩最好的员工一定是沟通最好的，这毫无疑问。

4. 谨慎

遇到事情要冷静，尤其是遇到问题和矛盾，要保持理智，不可冲动，冲动会使问题变得更糟，最后受损失的还是整个团队。

冲动是魔鬼，在工作中更是绝对要不得的，凡事要先冷静思考再做决定，谨慎再谨慎。

5. 快乐

只有用快乐才能构建起幸福的团队。工作前，请把在外面的烦恼通通抛掉，带一张笑脸来！

让别人快乐，也会让自己快乐。让别人快乐，聚集与你同乐的人——无论你的同事还是你的客户，投入你的时间，说一句支持的话或者提供一双倾听的耳朵。放到企业里面，让别人快乐就是创建具有信任感和支持度的积极团队关系。

**（四）组建优秀创业团队的方法**

企业管理之神杰克·韦尔奇告诉我们："优秀的领导者应当像教练一样，培育自己的员工，带领自己的团队，给他们提供机会去实现他们的梦想。"企业的成长是人才成长的一个集中体现，创业者能否走得更远，取决于创业者和创业团队的基本素质。

企业的成功也是人才的成功。搭建一支优秀的创业团队对任何创业者而言，都是一项至关重要的工作，它决定着创业的成败。优秀团队的标准是高度责任感、成功的行业经验、合作的心态。那么，我们怎样才能组建一支优秀的创业团队呢？

1.扬长避短，恰当使用

世上的人虽然各种各样，但是，以创业者的眼光去看，大致可以分为三类：一类是可以信任而不可大用者，这是那些忠厚老实但本事不大的人；二类是可用而不可信者，这是那些有些本事但私心过重，为了个人利益而钻营弄巧，甚至不惜出卖良心的人；三类是可信而又可用的人。作为创业者，都想找到第三种人。但是这种人不易识别，往往与用人者擦肩而过。为了企业的发展，创业者各种人物都要用。只要在充分识别的基础上恰当地使用，扬长避短、合理配置，就能最大限度地发挥他们的作用。

人有所长，必有所短。创业伙伴之间的优势最好呈互补关系。选择的时候要看清其长，以后要学会包容其短。所谓取长补短，是取别人的长补自己的短，此为团队的真正价值，长城不是一块砖筑成的，想做出点成绩，就得有做事情的开放心态。如果你是内向型性格，不善交际、只适合从事技术工作，那你就最好找富有公关能力、会沟通、能处理复杂问题的搭档；如果你是急性子，脾气比较暴躁且又自认为很难改正时，那最好找慢性子、脾气温和的搭档——因为合作中的摩擦是在所难免的，一急一缓可以相得益彰。

创业需要的是一个系统，而非某一两个单点，作为单独的一个人，不可能具备创业所需要的所有技能和资源，大量创业事例告诉我们，单个创业者通常只能达到维持生计。要想单枪匹马地发展一家高潜力的企业是极其困难的。如果创业者不顾实际情况，一门心思单打独斗，就很有可能延误企业的发展。创业者如果成为孤独的"狼",无法与他人相处共事,那只能算是地摊式的小业主而无法成为统领千军万马的企业家。

2.既要讲独立,也要讲合作

创业者在创业过程中,既要讲独立,也要讲合作。适当的合作(包括合资)可以弥补双方的缺陷,使弱小企业在市场中迅速站稳脚跟。创业者更需要从创业整体规划出发,明确哪些方面的技能和资源是自己所欠缺的,再去找具备此类技能和资源的合作人,大家的资源和技能实现整合,共同发展。

团队是公司的魂,是公司最终成功的重要保证。一个好的合伙人,可以帮助企业腾飞;同样,一个不合格的合伙人,给企业带来的只能是灾难。所以对创业者而言,选择合作伙伴,意味着将企业未来几年的命脉与人共享。那么在共享权力之前,就必须认真地考察合作伙伴。

对创业者而言,可能在创业初期会面临各种各样的困难,会造成抓到根稻草就以为能救命的情况。这时候就需要鉴别能力,冷静地分析可能的合作伙伴,看谁更有利于企业的发展。

3.志同道合,目标明确

找创业搭档就像找对象一样重要,对方是你事业上的另一半,在共同的创业过程中是否会与你福难同当、同舟共济是至关重要的。

团队的成员应该是一群认可团队价值观的人。团队的目标应该是每个加入团队里的成员所应认可的。否则的话,就没有必要加入了。在明确了一个团队的目标时,作为团队的负责人,应该以这个共同的目标为出发点,来召集团队的成员。团队是不能以人数来衡量的。如果你有一群人,但没有共同的理想和目标,那这就不是一个团队。因此,你和你的伙伴应是志同道合的,有共同的或相似的价值追求和人生观。

合伙人应该都是有梦想的人,是为了做出一番事业而走到一起的,而不是为了简单的现实利益。所有的团队成员都必须是对企业的创业项目有热情的人。因为任何人才,不管其专业水平多么高,如果对创业的信心不足,都将无法适应创业的需求。

俗话说:三个臭皮匠,顶个诸葛亮。团队精神在企业管理中也占有重要地位。微软公司用人的时候就非常注重团队精神,理由是即使你才华横溢,有超群的技术,可是如果你不懂得与人合作,那么就不能发挥出最好的成绩,只有把企业内部有着不同的文化背景和知识结构的各种人才有效地联合起来,才能实现高效的配合,达到事半功倍的效果。

虽然现代企业很看重团队合作，但许多创业者依然还有以个人为主、个人为尊的思想意识：我的生意、我的事业我做主，容不得他人染指，要掺进来很多人，这个事业到底是算谁的，其他人不要参与到我的思想中来，更不要参与到瓜分我的利益上来。

当你拥有6个苹果的时候，如果你把6个苹果全都吃掉，你也只吃到了6个苹果，只吃到了一种味道，那就是苹果的味道。如果你把6个苹果中的5个拿出来给别人吃，尽管表面上你丢了5个苹果，但实际上你却得到了其他5个人的友情和好感。以后你还能得到更多，当别人有了别的水果的时候，也一定会和你分享，你会从这个人手里得到1个橘子，那个人手里得到1个梨，最后你可能就得到了6种不同的水果，6种不同的味道，6种不同的颜色，6个人的友谊。人一定要学会用拥有的东西去换取对你来说更加重要和丰富的东西。

4.知己知彼，百战不殆

绝大多数创业团队的核心成员都很少，一般是三四个人，多也不过十来人，如此少的团队成员从企业管理角度来看，实在是"小儿科"，因为人数太少，几乎每个从事管理工作的人都觉得能够轻易驾驭。但实际上，这个创业团队成员虽少，但是都有自己的想法，有自己的观点，更有一股藏于内心的不服管的信念。因此，我们对创业团队中的每个成员都不能抱有轻视的态度。

优秀创业团队的所有成员都应该相互非常熟悉，知根知底。在创业团队中，团队成员都非常清醒地认识到自身的优势、劣势，同时对其他成员的长处和短处也一清二楚，这样可以很好地避免团队成员之间因为相互不熟悉而造成的各种矛盾、纠纷，迅速提高团队的向心力和凝聚力。

5.完善股权，利益共享

创业企业的股权结构不能太复杂，或者说不能在开始阶段赋予别人太多的权利，因为后续的投资人特别是风险投资人，会关注公司的股权结构，如果股权结构太复杂，谈判就很难进行。

对创业者来说，从企业创立开始就需要制定相对完善的股东协议，明确各个创业者和原始投资人之间的关系。

现在的创业，已经不是原生态的打白条年代了，而是股份＋期权的契约年代。在团队组合时，有一些事情是要坐下来板着面孔谈清楚，提前做好约定的。叫朋友到公司来做事，千万别说"请你来帮我"，而是要事先讲好规则。友情不能维持合伙关系，事实上，生意上的合伙关系很容易破坏多年的友情。

俗话说："亲兄弟明算账。"凡涉及权利义务与利益分配问题，还是要一切先说清楚、讲明白，不能感情用事，也不能回避不谈。设计团队成员的股权分配是创业规划时的一项重要工作。创业契约是创业者在找到创业伙伴必然要思考、讨论、制定、执行的公司的第一份契约。合伙要想合作成功、合作愉快，必须在合伙之前签好创业契约。有了创业契约，大家各司其职，那么最后可能是一辈子的兄弟、伙伴。

典型的创业契约应该说明生意的具体目的，每个合伙人的有形的资产、财产、设备、专利等，以及无形的服务、特有技术等投入，把最基本的责权利说个明白透彻，尤其股权、利益分配更要说清楚，包括增资、扩股、融资等。这样的协议允许合伙人占有的公司股份各不相同，但一定要说明各个合伙人在公司管理中的地位和职务，是否允许合伙人从事公司以外的其他业务等。有一点最重要，那就是合伙双方以什么样的方式结束合伙关系，对此一定要在协议中写明。即定出"退出机制"来，一开始就先小人后君子，免得日后谁也说不明白。

任何事情都不可能在最初计划周全，事情是随时都有可能变化的，在合作运营过程中，遇到新问题、新矛盾一定先说清楚、立下字据再行动，千万不要先干再说，因为事情发生后都是朝着自己有利的一方考虑。先干再说，看似快了，其实埋下了祸患的种子，将来就不是速度快慢的问题，而是风起云涌、企业组织颠覆性的运动的根源。

6. 相互补充，相得益彰

创业团队虽小，但是"五脏俱全"。创业团队成员不能是清一色的技术流成员，也不能全部是搞终端销售的，优秀的创业团队成员各有各的长处，大家结合在一起，正好是相互补充，相得益彰。

7. 心胸博大，宽厚待人

选择好合伙人以后，就需要与合作者或合伙人能够很好地相处，这样才能够合作长久，俗语"和气生财"是放之四海而皆准的一句话，否则创业是创不成、老板也做不成的。

创业者应该有博大的心胸，能宽厚待人，懂得如何把握"合作"的分寸，这样我们才能更多地体会"合作"带给我们的快乐、喜悦和丰收的硕果。

携程网创始人之一的梁建章说过："包容性是很重要的，越是高层的领导，他能包容的人越多。我们几个管理层，分歧也有，但都是健康的。一开始的时候，包括模式的确立，大家都提出自己的观点。现在我们的分工非常明确，都是互补性的，大家的决策越来越准确，争吵会少很多。"

一个人的心胸决定了他所能达到的事业高度。宽容是合作者首先必备的一种道德品质。内讧是摧毁合作的最大杀伤力。宽容是合作的黏合剂。唯有和谐，合作才能愉快，才能使合作者激发出最大的工作热情和才智，营造一个有竞争力的团体。

在合作过程中，不要太计较小事。"大海航行靠舵手"，组建创业团队最关键的人自然是企业的领军人物。企业对人的管理也要审时度势，宽严有度。该管的要管，不该管的就不要管，要"一半清醒一半醉"。要知道，"水至清则无鱼，人至察则无徒"。难得糊涂对创业合作的各方都是保养自己心灵的鸡汤和企业组织运转的润滑剂。计较了也于事无补。其实，过后经常会发现双方的计较毫无实际意义。

8.坦诚相待，相互尊重

作为合伙人，在平时的交往与合作中要坦诚，互相尊重，摆正自己的位置，既然是合伙人，也就是出资人，请在心中时时提醒自己，双方都是为了共同的利益才在一起的，无论出资多少，都不会拿着自己的钱出来玩。遇到问题和矛盾时应该向前看，向前看利益是一致的，因为成功会给大家带来更丰厚的收获；盯住眼前的事情不放，只能是越盯矛盾越多，越盯矛盾越复杂，最后止步不前；只有向前看，成功的希望激励着合作的各方摈弃前嫌，勇往直前，抵达成功的彼岸。

俞敏洪说："在新东方，没有任何人把我当领导看，没有任何人会因为我犯了错误而放过我。在无数场合下，我都难堪到了无地自容的地步，我无数次后悔把这些精英人物召集到新东方来，又无数次因为新东方有这么一大批出色的人才而骄傲。因为这些人的到来，我明显地进步了，新东方明显地进步了。没有他们，我到今天可能还是个目光短浅的个体户，没有他们，新东方到今天还可能是一个名不见经传的培训学校。"

世界上没有完美的个人，只有完美的团队。作为一个企业的老板，与其跟马赛跑，不如找一匹马骑在马上。团队成员就是所谓的"人才马"。老板只有组建最合适的创业团队，才能"马上成功。"

**五、法治观念**

现代社会是一个法治社会，依法办事乃是社会中的每一个人所必须遵守的行为准则。投身于创业的人更是不能例外，因为他在普通公民的身份上，还多了一个"法人"的身份，有关经济方面的诸多法律法规，那也是不容许有丝毫疏忽的。正是基于这个原因，我们认为在创业者的财务素质中，法治观念是不可缺少的重要组成部分。

从个体的角度讲，法治观念就是指人们知法、懂法、守法，以及依法办事的法律意识。

法律是强制性的行为规范，违反者必然会受到严厉的制裁和惩处。但另一方面，法律也规定了人们的权利、义务，若遭到侵犯，亦可拿起法律武器对自己进行保护。对法律的双面性认识，每个创业者都应该时刻牢记在心。大家都知道，现在的经济纠纷案件与日俱增，如果没有学会用法律武器来保护自己和公司的利益，或者在不知不觉中竟已触犯了法律，都可能给自己和公司招来巨大的甚至是毁灭性的经济打击。

强调创业者应具有法治观念，以紧绷"法律之弦"来避免违法经营，并保护自己的合法经营，其最根本的意义还是希望创业者能共同维护一个正常的健康的社会经济秩序，以保证每个企业在稳定的环境中获得更好的发展。

**作业：**

1. 根据上述案例，谈谈你的想法或受到的启发。

2. 组织小组讨论，以小组为单位派出代表说出小组的想法。

3. 请把自己的想法写下来。

## 第三节　文化素质

白岩松说过："一个人有没有文化，并非看他的学历有多高。有学历的人，不一定有文化；没学历的人，不一定没文化。读很多书，拥有很高的文凭，和有没有文化，有时完全是两码事。"

梁晓声说："文化是根植于内心的修养；无须提醒的自觉；以约束为前提的自由；为别人着想的善良。"

文化素质是一个人知识、能力的综合。文化素质对创业素质的意义主要体现在两个方面。一是文化素质作为人的个体文化修养而存在，它构成了该个体及其创业素质的文化背景，是其行为、处世的基础和支撑。二是文化素质中与人们所经营的行业性相对应的某项知识和能力，将直接成为其创业素质的构成因素。在一些特殊性的行业里，对相应知识和能力的要求是很明确的。将自己所具备的文化素质中的长处直接转化到创业中去，是顺理成章的事。

对创业者来说，作为背景性的文化素质在通常情况下是不会直接成为其创业素质的构成因素的，但是其转化作用和隐性支持则是令人惊讶的。比如，个别创业者坑蒙拐骗的粗鄙行径，不就令人生厌吗？这种具有粗鄙低劣文化素质的人混迹于创业，就很难让人相信他能行之久远。而颇富文化素养的真诚有信的创业者，则无疑会赢得更多人的信任，从而在创业中获得意想不到的收获。

### 案例1　每卖一斤馍都要多给顾客称1两

有一位卖馍的林老板，刚做生意时，他对请来做秤的师傅说："要是你做的秤能将9两馍称出一斤，除工钱外，我再赏你2两银子。"林老板出门后，他的妻子则对做秤的师傅说："你做的秤，要是能将1斤1两馍称出一斤，除工钱外，我再赏你5两银子。但要对我丈夫保密。"做秤的人按林老板妻子的吩咐做了秤，多领了五两银子，高高兴兴地走了。从此，林老板用这杆"特制"秤做生意，生意越做越红火，同行一天卖一担馍都很吃力，而林老板一天至少能卖五担馍。夫妻俩忙不过来，只好请人员帮忙。渐渐地，林老板成了远近闻名的小老板。

每卖一斤馍都要多给顾客称1两，有点类似于今天的有奖促销。林老板妻子的做法看似"傻帽"，实则精明。她的"发家诀窍"就是薄利多销、以诚待客，让顾客多得实惠。德国著名经济学家奥伯里说："企业是否兴旺，不是看它的日销售量，而是看它的年销售量；不是看它每日接待顾客的多少，而是看它拥有的顾客'回头率'有多高。"这句话阐明了创业者只有靠诚实守信、货真价实、薄利多销来赢得众多的回头客，永葆客源不断，才能达到赚取高利润的目的。如果信奉"无奸不商"的信条，靠以次充好、短斤少两、掺杂使假等不光彩的手段去赚取昧心钱，创业的路一定走不远。

### 案例2　管道的故事

这是《管道的故事》中的一个故事。意大利有两个年轻人柏波罗和布鲁诺，很幸运地获得了在当时看来很令人美慕的工作：把附近河里的水运到村广场的水缸里去。每天，两个人都抓起两只水桶奔向河边，一天结束后，他们把镇上的水缸都装满了。村里的长辈按每桶一分钱的价格付给他们报酬。"我们的梦想实现了！"布鲁诺大声叫道："我们简直无法相信我们的好运气。"但柏波罗不是非常高兴。他的背又酸又痛，提那重重的大桶的手也起了泡。他害怕明天早上起来又要去工作。他发誓要想出更好的办法，将河里的水运到村子里去。

第二天早上，当他们抓起水桶往河边奔时，柏波罗说："一天才几分钱的报酬，而要这样来回提水，干脆我们修一条管道将水从河里引到村子里去吧。"

布鲁诺愣住了。"一条管道？谁听说过这样的事？"布鲁诺大声嚷嚷着，"柏波罗，我们有一份不错的工作。我一天可以提一百桶水。一分钱一桶，一天就是一元钱！我是富人了！一个星期后，我就可以买双新鞋。一个月后，我就可以买一头母牛。六个月后，我可以盖一间新房子。我们有全镇最好的工作。我们一周只需工作五天，每年两周的有薪假期。我们这辈子可以享受生活了！放弃你的管道吧！"

但柏波罗不是容易气馁的人。他将一部分白天的时间用来提桶运水，而用另外一部分时间以及周末来建造管道。

柏波罗知道，在岩石般坚硬的土壤中铺一条管道是多么的艰难。因为他的薪酬是根据运水的桶数来支付的，他知道他的薪酬在开始的时候会降低。而且他也知道，要等一两年，他的管道才会产生可观的效益。但柏波罗相信他的梦想一定会实现。

管道铺设完工后，柏波罗不用再提水桶了。无论他是否工作，水源源不断地流进村子里。他吃饭时，水在流入；他睡觉时，水在流入；当他周末去玩时，水在流入。流入村子的水越多，流入柏波罗口袋里的钱也越多。而管道使布鲁诺失去了工作。

这个故事要求我们必须明白：我是谁？是提桶者，还是管道的建设者？相对来说，缺少文化的人目光短浅，看问题不全面，和布鲁诺一样是提桶者。提桶者只能赚取间歇性财富，不能获得连续性财富。所谓"间歇性财富"，就是你一定要出现在某种场合才能得到的收入。你必须拥有一个健康的身体并出现在一个特定的工作场合，依赖你的智慧或技能，以及某些你不能控制的因素，去赚取生活费。

有文化的人，看问题较远，考虑问题比较全面，和柏波罗一样，是管道的建造者。管道的建造者眼里盯着的是连续性财富。所谓连续性财富，是与你每天所做的事无关的收入，比如，投资收益、知识产权收益或生意的利润。即不需要出现在某种场合就能得到的收入。不需要拥有一个健康的身体并出现在一个特定的工作场合，依赖自己的智慧或技能，以及某些自己不能控制的因素去赚取生活费。

## 案例 3　在美术馆谈生意

创业中常常有这样的情形，几个创业者因对某些事物的共同兴趣，大家都具备这方面的知识，谈起来海阔天空，兴高采烈，生意也就在不知不觉中交易做成。在这种情况下，本该属于背景性的东西悄悄地移到了前台，起到了沟通心理的良好作用。比如，有甲乙两位创业者，要在一个美术馆洽谈一笔业务。甲喜欢艺术，并颇有研究。他想利用自己的这一长处，在心理上压倒对方。但是乙也是有相当文化素质的聪明人，一眼便看穿了甲的如意算盘，但他自己平时却并不怎么喜欢艺术，缺乏这方面的修养，怎么办？他立即吩咐秘书即刻将那个美术馆的资料及相关的书籍找来，赶紧武装自己的头脑。临到谈判的那天，甲乙两位创业者在美术展厅相会时，乙面对大厅中的作品和甲侃侃而谈，使甲顿时对他另眼相看。在这种情形下，生意自然谈成了。

文化素质是一种既在创业素质之外，又在创业素质之内的灵智之物。它因人而异，因行业而异，因事物而异，无时无刻不在创业素质中发挥它直接或间接的、明显的或潜在的作用。

**作业：**

1. 根据上述案例，谈谈你的想法或受到的启发。

2. 组织小组讨论，以小组为单位派出代表说出小组的想法。

3. 请把自己的想法写下来。

# 第七章 创业计划书

创业计划是创业者叩响投资者大门的"敲门砖",一份优秀的创业计划往往会使创业达到事半功倍的效果。创业计划是创业者计划创立的业务的书面摘要,它用以描述拟创办企业相关的内外部环境条件和要素特点,为业务的发展提供指示图。通常创业计划是市场营销、财务、生产、人力资源等职能计划的综合。

## 第一节 商业模式

著名管理学家彼得·德鲁克在《21世纪的管理挑战》中指出,"当今企业间的竞争不是产品间的竞争,而是商业模式间的竞争。"商业模式是企业价值链的核心逻辑,包括价值发现、价值创造和价值交换。

### 一、商业模式的概念与组成

无论在理论界还是在实践领域,大家对商业模式的定义并未达成共识,但是普遍认同"商业模式描述了创造价值的一般逻辑",即哪些元素参与了价值创造以及这些元素之间的关系是什么。实际上,当你准备创业或正在创业时,只需回答3个问题,就能够定义一个好的商业模式:你在为谁创造价值?你为他创造了什么价值?你如何为他创造价值?对这3个问题的准确回答是商业模式的基本要求。

按照IBM商业研究所和哈佛商学院克利斯坦森教授的观点,商业模式是一个企业的基本经营方法。它包含用户价值定义、利润公式、产业定位、核心资源与流程四部分。

1. 用户价值定义

用户价值定义是为目标用户群提供的价值,其具体表现是给用户提供的产品、服务及销售渠道等价值要素的某种组合。

2. 利润公式

利润公式包括收入来源、成本结构、利润额度等。

3.产业定位

产业定位是企业在产业链中的位置和充当的角色。

4.核心资源与流程

核心资源与流程包括企业的生产和管理流程，而核心资源则是企业所需的各种有形或无形的资源。

## 二、商业模式的作用

商业模式有四个方面的作用。

（1）一个好的商业模式可以促使创业者全面思考市场需求、生产、分销、企业能力、成本结构等各方面的问题，将商业的所有要素协调成一个有效、契合的整体。

（2）一个好的商业模式可以使顾客了解企业可能提供的产品和服务，实现企业在顾客心目中的目标定位。

（3）一个好的商业模式可以使员工全面理解企业的目标和价值所在，从而调整自己的行动与企业的目标达到和谐。

（4）一个好的商业模式可以使股东更清晰、方便地判断企业的价值及其在市场中的地位变化。

## 三、创新商业模式的方法

创新商业模式就是对企业的经营方法进行变革。创新商业模式有 4 种方法：改变收入模式、改变企业模式、改变产业模式和改变技术模式。

1.改变收入模式

改变收入模式就是改变一个企业的用户价值定义和相应的利润方程或收入模型。这就需要企业从确定用户的新需求入手，而并非市场营销范畴中的寻找用户新需求，而是从更宏观的层面重新定义用户需求，即深刻理解用户购买你的产品需要完成的任务或要实现的目标是什么。其实，用户要完成一项任务需要的不仅是产品，而是一个解决方案。一旦确认了解决方案，也就确定了新的用户价值定义，并可依次进行商业模式创新。

2.改变企业模式

改变企业模式就是改变一个企业在产业链的位置和充当的角色，也就是说，改变其价值定义中"造"和"买"的搭配，一部分由自身创造，其他由合作者提供。一般而言，企业的这种变化是通过垂直整合策略或出售及外包来实现的。比如，谷歌公司在意识到大众对信息的获得已从桌面平台向移动平台转移，自身仅作为桌面平台搜索引擎会逐渐丧失竞争力，就实施垂直整合，大手笔收购摩托罗拉手机和安卓移动平台操作系统，进入移动平台领域，从而改变了自己在产业链中的位置及商业模式，由软变硬。IBM 公司也是如此。当它在 20 世纪 90 年代初期意识到个人电脑产业无利可寻时，就立即出售此业务，并进入 IT 服务和咨询业，同时扩展它的软件部门，一举改变了它在产业链中的位置和它原有的商业模式，由硬变软。

### 3. 改变产业模式

改变产业模式是最激进的一种创新商业模式，它要求一个企业重新定义本产业，进入或创造一个新产业。比如，IBM 公司通过推动智能星球计划和云计算，使企业内部重新整合资源，进入新领域并创造新产业，如商业运营外包服务和综合商业变革服务等，力求成为企业总体商务运作的大管家。亚马逊公司也是如此，它正在进行的商业模式创新向产业链后方延伸，为各类商业用户提供如物流和信息技术管理的商务运作支持服务，并向它们开放自身的 20 个全球货物配送中心，并进入云计算领域，成为提供相关平台、软件和服务的领袖。其他如高盛（Goldman Sachs）、富士（Fuji）和印度大企业集团 Bharti Airtel 等都在进行这类创新商业模式。

### 4. 改变技术模式

产品创新往往是创新商业模式最主要的驱动力，技术变革也是如此。企业可以通过引进激进型技术来主导自身的创新商业模式。比如，当年众多企业利用互联网创新商业模式。如今，最具潜力的技术是云计算，它能提供诸多崭新的用户价值，从而提供企业进行创新商业模式的契机。另一项重大的技术革新是 3D 打印技术，该技术一旦成熟并商业化，它将帮助诸多企业进行深度创新商业模式，如汽车企业可用 3D 打印技术替代传统生产线来打印零件，甚至可以采用戴尔的直销模式，让用户在网上订货，并在靠近用户的场所将所需汽车打印出来。

当然，无论采取哪种方式，创新商业模式需要企业对自身的经营方式、用户需求、产业特征及宏观技术环境具有深刻的理解和洞察力，这才是成功进行创新商业模式的前提条件，也是最困难之处。

**作业：**

1. 根据上述案例，谈谈你的想法或受到的启发。

2. 组织小组讨论，以小组为单位派出代表说出小组的想法。

3. 请把自己的想法写下来。

## 第二节　设计企业名称

一个好的名字是一个企业、一种产品拥有的一笔永久性的精神财富。名称对一个企业的发展、兴衰起着至关重要的作用。企业拥有一个好名字，产品获得一个好品牌，是世界公认的"无形"资产。

名字不是一个单纯的符号，在其背后体现着思想的寓意、文化的背景等内涵，展示了个人与企业实力。事业的成功虽然不完全取决于名字，但名字无疑是影响事业发展的重要因素。

### 一、公司名称对企业的重要性

创业者在企业正式成立之前，必须进行企业名称设计，人们对一个企业的记忆和印象直接来自名称，企业的名称对企业的形象有着重大影响。

在新成立的公司或企业，投资者往往对公司起名十分重视，不惜花重金只为求得一个好名字。一个吉祥的公司名称可以给企业带来好的开始，朗朗上口、响亮、好记和好听，可以让自己的客户在最短的时间记住自己公司的名称，从而为公司的长远发展奠定良好的基础；可以帮助公司快速向上发展，成为公司或企业最好的广告；可以为自己的企业发展提供更多的助力。

1.企业形象的化身

公司名称是企业理念的最重要体现，公司名称的内涵是企业文化的核心，对企业的发展有着举足轻重的作用。

2.企业的资产

公司名字存储着大量市场竞争力的信息，作为商誉的载体而具有财产价值，反映着企业的文化品位，是企业十分重要的无形资产。

一般来说，公司名字不同于厂房、机器设备等物品，公司名字面向客户和广大的消费群体，虽然不直接创造价值，赚取有形资产，但是，公司名字在间接创造价值方面的能力万万不能小觑，它所创造的价值甚至比那些厂房、机器设备等有形资产所带来的收益还要多。

2020年，福布斯公布了全球最具价值品牌排行榜，其中苹果、谷歌和微软分别以 2 412 亿美元、2 075 亿美元和 1 629 亿美元的品牌价值位居品牌榜前三名，亚马逊排名第 4，品牌价值为 1 354 亿美元，Facebook 排名第 5，品牌价值为 703 亿美元。而华为（85 亿美元）作为唯一入榜的中国企业，位居 93 名。苹果连续 10 年蝉联冠军。

据悉《福布斯》所评出的全球最具价值的 100 大品牌中包含 50 个以上的美国企业，以及部分欧洲和亚洲企业。榜单中包含 20 家科技公司、14 家金融服务企业、11 家汽车厂商以及 8 家零售商等。

### 3. 实现自己的经济价值

消费者的消费心理趋于成熟，他们所购买的不仅是产品，更是公司名字的附加值。这种附加值就是消费文化，就是消费品位。一个好的公司名字不仅能给消费者带来美的享受，不仅能为产品增光添色，提高产品档次，而且能增加产品的文化附加值。因此，好的公司名字在满足消费者的品位要求的同时，也实现了自己的经济价值。

### 4. 打响公司知名度

企业要把产品卖出去，通常要在电视、报刊等媒体上做广告，此类广告价格昂贵，许多企业花掉巨额费用而得不到应有的回报，付出昂贵的广告费但能否有人看到或看到后能否转化成销售量还是个未知数，甚至可能连广告费都收不回来。比如，著名的央视广告标王山东秦池酒厂、爱多 VCD、孔府宴酒等就是因为卖产品的钱不够交巨额广告费而倒闭的。

事实告诉我们，知名度在于广告宣传，更在于易被接受的公司名字，其实，一个好的公司名字，本身就是一则很好的广告，具备广告的功能。比如，"北大方正""联想集团"等公司名字，读起来朗朗上口，容易引发联想，使人在茶余饭后、街谈巷议中乐于提及。

### 5. 市场竞争的有力武器

公司名字是企业竞争的重要武器，好的公司名字，能迅速吸引客户的注意力，并达到过目不忘的效果。好的公司名字是把竞争对手的客户转移到自己这边来的基础，即使两个企业在其他方面没有多大差别，一旦在公司名字上略占优势，在客户心里产生的效果就迥然相异，很容易成功锁住客户。

### 6. 创业者身价与实力的载体

众所周知，市场要求企业有名字，以便消费者加以区分和选择。消费者更向往那些名字响亮、好听、能给人以享受和满足的企业去消费，因此，公司名字的好坏，决定着企业是否能更好地走向市场，开拓市场空间。

## 二、公司起名的基本原则

公司名称字虽不多，但意义万千，它远远超越了几个字的框架。作为企业字号，它体现了企业的信任度、核心竞争力、商誉，以及名称寓意和它未来发展的健康性。

不少国际知名品牌进入中国市场时，既保留了原品牌名称的精华，又兼顾了中国消费者的文化、生活习惯和审美心理，深具文化内涵。比如，宝洁公司将中华文化的内涵全部融入品牌，创出了具有中国文化风格的"飘柔""潘婷""海飞丝""舒肤佳""汰渍""玉兰油"等好听、好记、意蕴丰富的名称；爱立信刚进入大中华区时，品牌名称直译为"埃瑞克森"，后采用中国营销专家的建议改用"爱立信"，被赋予了深厚的中国文化背景，为爱立信这一洋品牌实现中国本土化、塑造美誉立了汗马功劳。还有像可口可乐、宝马、奔驰等洋品牌都是中文俗译的神来之笔，起到了诠释品牌个性与文化内涵的作用。

公司起名的设计应遵循以下几个原则。

1. 易读易记

这是品牌设计的最根本要求，只有易读易记才能充分发挥其识别功能和传播功能。具体要求是简洁明快、音节响亮、个性独特、新颖别致、高雅出众。比如，"美的"就是一个动听的好名字。

2. 暗示产品属性

品牌名称还应暗示产品的某种性能或用途。比如，长虹电器、两面针牙膏等。当然，品牌名称的暗示性越强，品牌延伸就越困难。如长虹电器，有了"电器"的限制，长虹就不能延伸到食品上，也不能延伸到服装上。

3. 支持标志物

标志物是品牌中可被识别但无法用语言表达的部分，当品牌名称能够维持或刺激标志物的识别功能时，品牌的整体效果就加强了。

4. 启发消费者联想

品牌名称要富有寓意，能让消费者产生丰富、愉快、积极的联想。

5. 适应地域文化

不同地区有不同的文化价值观念，有不同的风俗习惯、宗教信仰、价值观念、文化特点等，品牌名称要适应地域文化价值观念，不能和它冲突。

### 6. 合法性

合法性是指品牌名称要符合国家或当地的法律，这样才能受到法律保护。品牌名称应该在允许注册的范围之内，不能有侵权行为。

## 三、公司起名的基本要求

### 1. 名副其实

名称是事物的标志，只有名副其实，才能准确地反映事物的特性，才能让叫者顺口，听者顺耳。这就是古人所说的"名正言顺"的含义。因此"名副其实"是命名的重要原则。

"名不正则言不顺"，一个好的、响亮的名字，能够使公司、产品如虎添翼，对企业具有强有力的、不可替代的作用。公司起名注重一眼望穿，一秒钟内让人家知道你在卖什么东西，较讨人喜欢，也可省下很多广告费。

公司的名称和人的名字一样，都属于文化的范畴。而市场营销是一种商业行为，这两者本不该有如此紧密的联系。但实际上，如果你作为一个管理者去理解这一问题，你自己在市场营销方面就要吃大亏。所以你应该充分重视你公司名字的作用，否则，吃亏的将是你自己。

### 2. 有亲和力

好的企业名称，不能给人太严肃的感觉，更不能给人一种拒人于千里之外的感觉，而要有一种亲和力，即对人有可亲近、可信赖的感觉，至少给人一种平易近人的感觉。

### 3. 寓意美好

比如，中国长虹股份公司，其长虹之名，是取雨过天晴之意，有瑰丽壮观的寓意，"太阳最红，长虹更新"。同样，以生产彩色电视机著名的康佳公司，其名是取"康乐人生，佳品纷呈"之意。深圳三九药业集团公司，其"三九"之名，在中国古代汉语中有数多不可取胜之意，寓有不懈追求之意。剑南春酒厂，其名剑南春，寓意春意盎然，生机无限。

### 4. 与众不同

起名字的目的在于区别。名字雷同或过于相似，就会失去其意义，有时甚至会带来麻烦。但在我国，不同的产品使用相同的名字，或者企业名称中字号名相同或类似的情况相当普遍。公司起名是为了凸显其自身的标志性和强化识别功能，如果一条街上有几家公司叫"福林""美林""南林"的，相信能区分的没几个。而且对公司本身而言，这既没有突出个性，也没有让人对其产生独特的印象，这种名字实在是一大败笔。

在商标取名中，集中表现在选用名胜古迹、动植物名称上，如以"长城"为商标的产品至少有长城电脑、长城电扇、长城葡萄酒、长城风雨衣等，以"熊猫"为商标的产品有熊猫照相机、熊猫收音机、熊猫童装等。这种重名现象虽然是允许的，但在宣传上由于缺乏新鲜感而不容易引起人们的注意，令人接触到这个商标名称时，搞不清它所代表的是什么。当然也就会影响到商标形象的确立。

5. 字义和谐、易读易记

公司名字要念起来符合社会的语言习惯，有一定的含义，表层的或深层的都可以。发音富有美感，让人说得顺口、记得牢固！

6. 便于设计

通常重视广告的公司都会请设计公司为公司设计标准字。以前文案人员不关心字好不好写，好不好造型，所以往往新命名出来的标准字不是很臃肿就是很怪异。印刷之后的公司名称标准字好不好看，事前最好也考虑一下，以免坏了百年大计。

7. 注重天时、地利、人和

天时，即要符合时代潮流，充分考虑市场开拓的便利等；地利，即要拓展其历史潜能，考虑当地文化、民族文化及吉祥文化；人和，即要致力于挖掘该公司的文化底蕴。

8. 凸显个性

从外在的信息来看，公司名称要凸显独特的个性，要超凡脱俗、与众不同，要简洁明快、高雅、响亮、易读易记、有节奏感、传播力强，要有寓意，要与其经营理念、服务宗旨、商品形象、活动识别相统一。

## 四、公司名称的法律规定

公司名称是指一个企业的全称，企业名称即企业的名字、字号，是企业区别于其他企业或其他社会组织、被社会识别的标志。

在我国，有关公司名称的法律规定主要包括在《中华人民共和国公司法》（以下简称《公司法》）《中华人民共和国公司登记管理条例》（以下简称《公司登记管理条例》）《企业名称登记管理规定》3个法律文件中。可以根据以下规定重新审视自己的公司名称，然后再提交给工商部门。

1.《公司法》对公司名称的要求

依照本法设立的有限责任公司，必须在公司名称中标明有限责任公司或者有限公司字样。

依照本法设立的股份有限公司，必须在公司名称中标明股份有限公司或者股份公司字样。

2.《公司登记管理条例》对公司名称的规定

《公司登记管理条例》第十一条规定：公司名称应当符合国家有关规定。公司只能使用一个名称。经公司登记机关核准登记的公司名称受法律保护。

3.《企业名称登记管理规定》中对公司名称的相关要求（以下为部分摘取）

《企业名称登记管理规定》

（1991 年 5 月 6 日中华人民共和国国家工商行政管理局令第 7 号发布　根据 2012 年 11 月 9 日《国务院关于修改和废止部分行政法规的决定》第一次修订 2020 年 12 月 14 日国务院第 118 次常务会议修订通过）

（略）

第四条　企业只能登记一个企业名称，企业名称受法律保护。

第五条　企业名称应当使用规范汉字。民族自治地方的企业名称可以同时使用本民族自治地方通用的民族文字。

第六条　企业名称由行政区划名称、字号、行业或者经营特点、组织形式组成。跨省、自治区、直辖市经营的企业，其名称可以不含行政区划名称；跨行业综合经营的企业，其名称可以不含行业或者经营特点。

第七条　企业名称中的行政区划名称应当是企业所在地的县级以上地方行政区划名称。市辖区名称在企业名称中使用时应当同时冠以其所属的设区的市的行政区划名称。开发区、垦区等区域名称在企业名称中使用时应当与行政区划名称连用，不得单独使用。

第八条　企业名称中的字号应当由两个以上汉字组成。

县级以上地方行政区划名称、行业或者经营特点不得作为字号，另有含义的除外。

第九条　企业名称中的行业或者经营特点应当根据企业的主营业务和国民经济行业分类标准标明。国民经济行业分类标准中没有规定的，可以参照行业习惯或者专业文献等表述。

第十条　企业应当根据其组织架构或者责任形式，依法在企业名称中标明组织形式。

第十一条　企业名称不得有下列情形：

（一）损害国家尊严或者利益；

（二）损害社会公共利益或者妨碍社会公共秩序；

（三）使用或者变相使用政党、党政军机关、群团组织名称及其简称、特定称谓和部队番号；

（四）使用外国国家（地区）、国际组织名称及其通用简称、特定称谓；

（五）含有淫秽、色情、赌博、迷信、恐怖、暴力的内容；

（六）含有民族、种族、宗教、性别歧视的内容；

（七）违背公序良俗或者可能有其他不良影响；

（八）可能使公众受骗或者产生误解；

（九）法律、行政法规以及国家规定禁止的其他情形。

第十二条　企业名称冠以"中国""中华""中央""全国""国家"等字词，应当按照有关规定从严审核，并报国务院批准。国务院市场监督管理部门负责制定具体管理办法。

企业名称中间含有"中国""中华""全国""国家"等字词的，该字词应当是行业限定语。

使用外国投资者字号的外商独资或者控股的外商投资企业，企业名称中可以含有"（中国）"字样。

第十三条　企业分支机构名称应当冠以其所从属企业的名称，并缀以"分公司""分厂""分店"等字词。境外企业分支机构还应当在名称中标明该企业的国籍及责任形式。

第十四条　企业集团名称应当与控股企业名称的行政区划名称、字号、行业或者经营特点一致。控股企业可以在其名称的组织形式之前使用"集团"或者"（集团）"字样。

第十五条　有投资关系或者经过授权的企业，其名称中可以含有另一个企业的名称或者其他法人、非法人组织的名称。

第十六条　企业名称由申请人自主申报。

（略）

### 五、公司起名的常见类型

**1. 以地名作为企业名**

根据地名简称、地理位置或地方特色命名，名称响亮大方，这类公司名称有很多。例如，长江实业（集团）有限公司、青岛啤酒股份有限公司、黄河集团公司、泰山集团公司、嘉陵摩托公司、珠江集团公司、张家界旅游公司、峨眉矿泉饮业公司等。此种取名，在我国企业中较为常见。

**2. 以吉祥和社会喜爱之物作为企业名**

从让客户喜欢的角度，选用反映客户喜爱的人或事、价值观念、吉祥宝贵的字词作为企业名称，如南京熊猫电子集团公司、猴王电焊公司、春兰集团公司、飞马味精公司、红梅照相机厂、金鹿集团公司、海马家具商场、福建七匹狼实业股份有限公司、杭州娃哈哈集团有限公司等。

**3. 选用富贵气派类汉字作为企业名**

此类企业用名又可分为含蓄与直白两类。比较直白的企业名竭力显示自己不同凡响的气派，如金利来公司、银利来公司、富绅公司、富贵鸟皮鞋公司、小霸王电脑公司、皇家度假村、帝王大酒店等。含蓄的有红都影业公司、新时代广厦、天龙沙发厂、巨人树制衣公司、高雅丝织品有限公司等。

**4. 选用传统商业味极浓的名称作为企业名**

此类名称老牌企业最为盛行。例如，源丰票号、大庆元票号、福康钱庄、顺康钱庄、汇丰银行、瑞康盛颜料号等。这类企业名称，大都是用带有吉利、吉祥的汉字组合而成的，取其经营生产吉利之意。

**5. 选用现代意味的名字作为企业名**

一些企业公司为顺应时代趋势，迎合现代消费者的审美情趣，注意选用现代意味的名字，这类名字一般给人一种洋气的感觉，一种商品味、有情趣的感觉，如北京燕莎商厦、赛格商城、百盛集团、协和集团、美琪美发、海韵健美中心、奥丽斯化妆品公司、美加净化妆品有限公司等。应该看到，借鉴外国语译音，追求洋味的企业用名越来越多，许多名字只注重字的表面的华丽意味，由几个颇有现代意味的字组合而成，至于名称的含义，则不再予以重视。这种企业用名，最终会逐渐失去文化内涵，而成为一种符号。

**6. 使用奇异、幽默或逆反等别名俗语作为企业名**

这些别名俗语贴近生活，十分亲切自然，传播速度快、范围广，社会影响力大，如天津狗不理食品有限公司、大娘水饺餐饮有限公司、老孙家餐饮有限公司、广州孙悟空网络科技有限公司、北京平娃餐饮有限公司等。

**作业：**

1. 根据上述案例，谈谈你的想法或受到的启发。

2. 组织小组讨论，以小组为单位派出代表说出小组的想法。

3. 请把自己的想法写下来。

# 第三节　组织架构

组织架构是指对工作任务进行分工、分组和协调合作。 组织架构是表明组织各部分排列顺序、空间位置、聚散状态、联系方式以及各要素之间相互关系的一种模式，是整个管理系统的"框架"。

组织架构是组织的全体成员为实现组织目标，在管理工作中进行分工协作，在职务范围、责任、权利方面所形成的结构体系。组织架构是组织在职、责、权方面的动态结构体系，其本质是为实现组织战略目标而采取的一种分工协作体系，组织架构必须随着组织的重大战略调整而调整。

## 一、设计创业企业组织架构的程序

企业内部的部门是承担某种职能模块的载体，按一定的原则把它们组合在一起，就表现为组织架构。

（1）分析组织架构的影响因素，选择最佳的组织架构模式。

（2）根据所选的组织架构模式，将企业划分为不同的、相对独立的部门。

（3）为各个部门选择合适的部门结构，进行组织机构设置。

（4）将各个部门组合起来，形成特定的组织架构。

（5）根据环境的变化不断调整组织架构。

## 二、组织架构设计的基本原则

在企业组织架构设计实践中，西方管理学家曾提出一些组织架构设计基本原则。比如，管理学家林德尔·厄威克曾比较系统地归纳了古典管理学派泰勒、法约尔、马克斯·韦伯等人的观点，提出了目标原则、相符原则、职责原则、组织阶层原则、管理幅度原则、专业化原则、协调原则和明确性原则8条原则。

美国管理学家哈罗德·孔茨等人，在继承古典管理学派的基础上，提出了健全组织架构设计工作的 15 条基本原则等。

我国的企业在组织架构设计的变革实践中积累了丰富的经验，也相应地提出了一些设计原则，归纳如下。

### 1.任务与目标的原则

企业组织设计是为实现企业的战略任务和经营目标服务的。这是一条最基本的原则。组织架构的全部设计工作必须以此作为出发点和归宿点，即企业任务、目标同组织架构之间是目的同手段的关系；衡量组织架构设计的优劣，要以是否有利于实现企业任务、目标作为最终的标准。从这一原则出发，当企业的任务、目标发生重大变化时，组织架构必须作相应的调整和变革，以适应任务、目标变化的需要。

### 2.专业分工和协作的原则

现代企业的管理工作量大、专业性强，分别设置不同的专业部门，有利于提高管理工作的质量与效率。在合理分工的基础上，各专业部门只有加强协作与配合，才能保证各项专业管理顺利开展，达到组织的整体目标。

### 3.有效管理幅度的原则

受个人精力、知识、经验条件的限制，一名领导人能够有效领导的直属下级人数是有一定限度的。有效管理幅度不是一个固定值，它受职务的性质、人员的素质、职能机构健全程度等条件的影响。这一原则要求在进行组织设计时，领导人的管理幅度应控制在一定水平，以保证管理工作的有效性。由于管理幅度的大小同管理层次的多少成反比例关系，这一原则要求在确定企业的管理层次时，必须考虑有效管理幅度的制约。因此，有效管理幅度也是决定企业管理层次的一个基本因素。

### 4.集权与分权相结合的原则

企业组织设计时，既要有必要的权力集中，又要有必要的权力分散，两者不可偏废。集权是大生产的客观要求，它有利于保证企业的统一领导和指挥，有利于人力、物力、财力的合理分配和使用；而分权是调动下级积极性、主动性的必要组织条件。合理分权有利于基层根据实际情况迅速而正确地做出决策，也有利于上层领导摆脱日常事务，集中精力抓重大问题。因此，集权与分权是相辅相成的，是矛盾的统一。没有绝对的集权，也没有绝对的分权。企业在确定内部上下级管理权力分工时，主要考虑的有企业规模的大小、企业生产技术特点、各项专业工作的性质、各单位的管理水平和人员素质的要求等因素。

### 5.稳定性和适应性相结合的原则

稳定性和适应性相结合的原则要求设计组织时，既要保证组织在外部环境和企业任务发生变化时，能够继续有序地正常运转；同时又要保证组织在运转的过程中，能够根据变化的情况做出相应的变更，组织应具有一定的弹性和适应性。为此，需要在组织中建立明确的指挥系统、责权关系及规章制度；同时又要求选用一些具有较好适应性的组织形式和措施，使组织在变动的环境中，具有一种内在的自动调节机制。

### 三、创业企业的组织架构设计

企业的组织架构设计是创业企业由小变大的过程中必须经历的一个环节。组织架构的合理设置，能保证整个组织分工明确、职责清晰，保证每一个部门正常运行，同时保证整个组织管理流程的畅通，并且避免职责不清造成吃大锅饭的局面，也避免出现责任问题时相互推诿的现象。

### 案例1  某广告有限责任公司的组织架构

该公司实行总经理领导下的五部门平行的直线职能制形式，各岗位或部门的职责如下。

1. 总经理

负责公司的全面管理，着重负责公司重大决策、人事、财务和人员任免等事项。

2. 总经理助理

负责建立并完善公司全套管理制度和流程，协助总经理对外公关和日常管理沟通、监督运营计划的执行、进行项目管理和资源分配、全方位改善公司整体绩效等。

3. 市场营销部

负责公司市场推广、客户信息收集与管理、广告业务洽谈、合同签订、客户意见回馈、公司对外宣传以及公司营销长远规划等方面。

4. 设计制作部

根据客户需求和市场调研情况进行广告的创意设计，制作符合客户要求的广告产品。

5. 财务部

负责资金结算、物资采购、财务管理、成本核算控制以及员工薪金的发放等。

6. 行政部

负责公司的制度建设、工作协调、考核管理以及公司的发展规划等。

7. 后勤保障部

负责各种物资的发放、广告产品的运输安装、员工住宿安排等。

随着某广告公司业务量的扩大、人员增加、竞争力的提升，拟对创业初期的公司组织架构进行优化。初步优化方案是增加人力资源部；对原市场销售部和设计制作部进行重新整合；分别成立媒介代理部、平面创作部和广告制作部；各业务部的市场营销、广告策划、设计制作和对外宣传自行负责。

### 案例 2　某智能家居公司直线制的组织架构

某智能家居公司创业初期拟采取直线制的组织架构，公司各岗位或部门的主要职责如下。

1. 董事会

公司的股东代表组成，属于决策层，负责制定公司的总体发展战略，决定总经理的人选。

2. 总经理

负责公司各方面的经营管理，对董事会负责，决定副总经理和部门经理的人选，制定和监督企业战略实施。

3. 营销部

负责公司总体的营销活动，决定公司的营销策略和措施，并对营销工作进行评估和监控，包括市场分析、广告、公共关系、销售、客户服务等。

4. 技术部

负责产品的研发工作，拓展产品线的广度和深度。处理与产品有关的技术问题，并负责知识产权的具体管理。

5. 财务部

负责资金的筹集、使用和分配，如财务计划和分析、投资决策、资金结构的确定、股利分配等；负责日常会计工作与税收管理。

企业的组织架构有很多种分类方式，但常见的有三种形式。

1. 职能型组织架构

职能型组织架构是企业在实践过程中"最简单"的组织形式，从总体上来讲，职能型组织更加侧重于集中目前具有统治地位的核心业务。但随着创业业务活动差异性变大，特别是产品、市场和客户的差异性变大，职能型组织架构的管理优势越来越难实现，而且职能型组织容易阻碍企业业务的多元化，随着企业的多元化发展，企业组织容易变得官僚化和松散化。

职能型组织架构是一种高度集权的，以职能为中心的组织架构，其特点是管理层级的集中控制，因此总部的战略决策可以在下属公司中得到较好的贯彻执行，管理控制严格，组织效率高。这种架构适用于规模较小、产品品种较少、生产连续性强和专业性强的企业集团，如矿业、能源、物流类企业等。

2. 事业部型组织架构

在单纯的事业部组织架构下，企业管理的第二个层次是事业部而没有职能性部门。事业部型的组织架构侧重于通过更大的自主权和清晰的目标界定来进行激励，能够减轻最高管理层的负担，能够清晰地划分各个部门的职责，并且能够根据各个事业部的特性来调整决策。但是，事业部的自主权越大，则对集团公司总体协调的要求越高，以避免产生"离心"的倾向。而且这种组织形式的缺点在于职能型成本过高，并且往往会因强调各个事业部的利益而忽视整个企业集团的总体利益。

事业部型组织架构就是母子公司架构，这种架构侵权程度较高，母公司一般专注于战略管理，而子公司负责具体产业的生产经营活动，具有较大的经营自主权，在财务上具有独立性。事业部型组织架构适用于规模较大、产业相关性不强的多元化控股公司。

3. 矩阵型组织架构

建立矩阵型组织架构的目的在于解决过度的事业部化而产生的问题，矩阵型组织架构是职能型和事业部型组织架构发展和演变的产物，是集权与分权管理相结合的产物，这种架构强调集团企业整体的协调功能和效应，适合多元化控股公司。这种组织架构实现了集权和分权的适度结合，既调动了各事业部发展的积极性，又能通过统一协调与管理，有效制定和实施集团公司整体发展战略，能做到上下联动，互相有效配合，反应速度更加敏捷。矩阵型组织架构的优点：能够通过多角度来考虑总体利益，从而提高决策的质量；能够避免以各部门自身利益为导向的思维模式；能够公开处理冲突，并且具有很强的适应能力。但是，矩阵型组织架构也存在一定的问题，这种组织架构很容易产生很大的冲突，并难于管理，而且如果产生过多的内部摩擦，则会导致对外部变化的反应迟缓，从而导致组织内部倾向于保守。

这三种基本的组织架构已经在世界范围内得到广泛的应用，但从目前世界上的一些大公司的管理模式发展变化来看，使用矩阵型组织架构的比例不断增加，而使用职能型组织架构的比例不断减少，使用事业部型组织架构的比例略有减少，这说明矩阵型组织架构更具有生命力。

组织架构设计的目的是规划组织的人员管理，最大限度地发挥组织效能，最有效地利用组织资源，实现组织经营目标。为实现经营目标，职能部门在进行组织设计时，要引进经营目标、设计参数、设计模式等概念，运用有机组织架构体系，参照程序化的模式，尽可能减少经验数据在管理中的负面影响，形成目标体系的管理模式。

企业进行组织架构设计，以达到企业总体业务分工的目的，组织架构设计得成功与否，关键是能否体现组织管理的协调性和集中性，企业成长的不同阶段，需要适时调整企业架构，以灵活应对企业现实存在情况。

**作业：**

1. 根据上述案例，谈谈你的想法或受到的启发。

2. 组织小组讨论，以小组为单位派出代表说出小组的想法。

3. 请把自己的想法写下来。

# 第四节　创业计划书

## 一、概念

创业计划书又称商业计划书，是创业者在初创企业成立之前就某一项具有市场前景的新产品或服务，向潜在投资者、风险投资公司、合作伙伴等游说以取得合作支持或风险投资的可行性商业报告，用来描述创办一个新企业时所有的内部和外部要素：从企业成长经历、产品服务、市场、营销、管理团队、股权结构、组织人事、财务、运营到速效方案。只有内容翔实、数据丰富、体系完整、装订精致的创业计

划书才能吸引投资商，让他们看懂你的项目商业运作计划，才能使你的融资需求成为现实，创业计划书的质量对创业者的项目融资效果至关重要。

创业计划书的起草与创业本身一样是一个复杂的系统工程，不但要对行业、市场进行充分的研究，而且要有很好的文字功底。对于一个发展中的企业，专业的创业计划书既是寻找投资的必备材料，也是企业对自身的现状及未来发展战略全面思索和重新定位的过程。一份高质量的创业计划书是基于产品分析，把握行业市场现状和发展趋势，综合研究国家法律法规、宏观政策、产业中长期规划、产业政策及地方政策、项目团队优势等的基本内容，着力呈现项目主体现状、发展定位、发展愿景和使命、发展战略、商业运作模式、发展前景等，深度透析项目的竞争优势、盈利能力、生存能力、发展潜力等，最大限度地体现项目的价值。

创业计划书的编写一般是按照相对标准的文本模式进行的，是全面介绍企业或项目发展前景，阐述产品、市场、竞争、风险及投资收益和融资要求的书面材料。

## 二、创业计划书的作用

创业计划书有三方面的作用。

（1）使创业者整体把握创业思路，明确经营理念。

每一位创业者或准备创业者在创业之初都会对创建企业的发展方向及经营思路有一个粗略的设想，但如果把这一设想编写成规范的创业计划书，则会发现自己要从事的事业并非如设想的那样容易。例如，资金不足或市场增长率不够等，有些时候还不得不放弃创业的念头。创业计划书可以使创业者严格地、客观地、全面地从整体角度观察自己的创业思路，明确经营理念，以避免因企业破产或失败而可能导致的巨大损失。另外，在研究和编写创业计划书的过程中，经常会发现经营机会并不完全与所期望的一样，此时，创业者会根据实际情况采用不同的策略使创业活动更加可行。因此，我们说，创业计划书的编写过程就是创业者进一步明确自己的创业思路和经营理念的过程，也就是创业者从直观感受向理性运作过渡的过程。

创业者应该以认真的态度对自己所有的资源、已知的市场情况和初步的竞争策略做尽可能详尽的分析，并提出一个初步的行动计划，通过创业计划书做到使自己心中有数。另外，创业计划书还是创业资金准备和风险分析的必要手段。对初创的创业企业来说，创业计划书的作用尤为重要，一个酝酿中的项目，往往很模糊，通过制订创业计划书，把正反理由都书写下来，然后再逐条推敲，创业者就能对这一项目有更加清晰的认识。

（2）帮助创业者凝聚人心，有效管理业务。

一份完美的创业计划书可以增强创业者的自信，使创业者明显感到对企业更容易控制、对经营更有把握，在创业实践中有章可循。因为创业计划书提供了企业全部的现状和未来发展的方向，也为企业提供了良好的效益评价体系和管理监控指标，使创业者在管理企业的过程中对企业发展中的每一步都能做出客观的评价，并及时根据具体的经营情况调整经营目标，完善管理方法。

创业计划书通过描绘新创企业的发展前景和成长潜力，使管理层和员工对企业及个人的未来充满信心，并明确要从事什么项目和活动，从而使大家了解将要充当什么角色，完成什么工作，以及自己能否胜任这些工作。因此，创业计划书对于创业者吸引所需要的人力资源，凝聚人心，具有重要作用。

（3）宣传本企业，并为融资提供良好的基础。

创业计划书作为一份全方位的项目计划，它对即将展开的创业项目进行可行性分析的过程，也在向风险投资商、银行、客户和供应商宣传拟建企业及其经营方式，包括企业的产品、营销、市场及人员、制度、管理等各个方面。在一定程度上也是拟建企业对外进行宣传和包装的文件。

一份完美的创业计划书不但会增强创业者自己的信心，也会增强风险投资家、合作伙伴、员工、供应商、分销商对创业者的信心。而这些信心，正是企业走向创业成功的基础。

书面的创业计划书是创业企业的象征和代表，它使创业者与企业外部的组织及人员得以良好地沟通，是企业进行对外宣传的重要工具。

### 三、创业计划书的主要内容

创业计划书的主要内容一般包括以下几个方面。

1. 封面

封面的设计要有审美观和艺术性，一个好的封面会使阅读者产生最初的好感，形成良好的第一印象。

2. 摘要

创业计划摘要列在创业计划书的最前面，它浓缩了创业计划书的精华。创业计划摘要涵盖了计划的要点，以求一目了然，以便读者能在最短的时间内评审计划并做出判断。

创业计划摘要一般包括公司简介、管理者及其组织、主要产品和专业范围、市场概貌、营销策略、销售计划、生产管理计划、财务计划、资金需求状况等。摘要要尽量简明、生动。特别要说明自身企业的不同之处以及企业获取成功的市场因素。

在介绍企业时，首先，要说明创办企业的思路，新思想的形成过程以及企业的目标和发展战略。其次，要交代企业现状、过去的背景和企业的经营范围。在这一部分中，要对企业以往的情况做客观的评述，不回避失误。中肯的分析往往更能赢得信任，从而使人容易认同企业的创业计划书。最后，还要介绍一下创业者自己的背景、经历、经验和特长等。创业者的素质对创业的成功往往起关键性的作用。在这里，创业者应尽量凸现自己的优点并表示自己有强烈的进取精神，以给投资者留下一个好印象。

在创业计划摘要中，企业还必须回答下列问题。

（1）企业所处的行业，企业经营的性质和范围。

（2）企业主要的产品服务是什么？

（3）企业的市场在哪里，谁是企业的顾客，他们有哪些要求。

（4）企业的合伙人，投资人是谁。

（5）企业的竞争对手是谁，竞争对手对企业的发展有何影响。

摘要要尽量简明、生动。特别要详细说明自身企业与同类企业的不同之处，以及企业获取成功的市场因素。如果创业者了解他所做的事情，摘要仅需 2 页纸就足够了。如果企业者不了解自己正在做什么，摘要就可能要写 20 页纸以上。因此，有些投资家就依照摘要的长短来"把麦粒从谷壳中挑出来"。

3. 企业介绍

企业介绍这部分内容的目的不是描述整个计划，也不是提供另外一个概要，而是对你的企业做出介绍，因此重点是依托你的企业理念是如何制定企业的战略目标的。

4. 行业分析

在行业分析中，应该正确评价所选行业的基本特点、竞争状况以及未来的发展趋势等内容。关于行业分析的典型问题如下。

（1）该行业发展程度如何，现在的发展动态如何？

（2）创新和技术进步在该行业扮演着什么样的角色？

（3）该行业的销售总规模有多大，收入总规模为多大，发展趋势怎样？

（4）价格趋向如何？

（5）经济发展对该行业的影响程度如何，政府是如何影响该行业的？

（6）是什么因素决定着它的发展？

（7）竞争的本质是什么，你将采取什么样的战略应对竞争？

（8）进入该行业的障碍是什么，你将如何克服，该行业典型的回报率有多少？

5.产品介绍

在进行投资项目评估时，投资人最关心的问题之一就是创业企业的产品、技术或服务能否以及在多大程度上解决现实生活中的问题，或者创业企业的产品能否帮助顾客节约开支、增加收入。因此，产品介绍是创业计划书中必不可少的一项内容。产品介绍主要包括以下内容。

（1）产品或服务的名称、特性及性能用途，产品或服务及对顾客的价值。

（2）对产品或服务的研究和开发过程，同样的产品是否还没有在市场上出现，为什么。

（3）产品或服务处于生命周期的哪一段。

（4）产品或服务的市场前景和竞争力如何。

（5）产品的品牌和专利情况。

（6）产品或服务的技术改进和更新换代计划及成本，利润的来源及盈利模式等。

在产品介绍部分，创业者要对产品做出详细的说明，说明要准确，也要通俗易懂，使不是专业人员的投资者也要能明白。一般来说，产品介绍都要附上产品原型、照片或其他介绍。产品介绍必须回答以下问题。

（1）顾客希望企业的产品能解决什么问题，顾客能从企业的产品中获得什么好处。

（2）企业的产品与竞争对手的产品相比有哪些优、缺点，顾客为什么会选择本企业的产品。

（3）企业为自己的产品采取了何种保护措施，企业拥有哪些专利、许可证，或者与已申请专利的厂家达成了哪些协议。

（4）为什么企业的产品定价可以使企业产生足够的利润，为什么用户会大批量地购买企业的产品。

（5）企业采取何种方式保证产品的质量、性能，企业对发展新产品有哪些计划？

产品介绍的内容比较具体，因此写起来相对容易。虽然夸赞自己的产品是推销所必需的，但应该注意，企业所做的每一项承诺都是"一笔债"，都要努力去兑现。要牢记，创业者和投资家所建立的是一种长期合作的伙伴关系。空口许诺，只能得意于一时。如果企业不能兑现承诺，不能偿还债务，企业的信誉必然会受到极大的损害。

6. 人员及组织架构

有了产品之后，创业者第二步要做的就是结成一支有战斗力的管理队伍。企业管理的好坏，直接决定了企业经营风险的大小。而高素质的管理人员和良好的组织架构则是管理好企业的重要保证。因此，风险投资家会特别注重对管理队伍的评估。

社会发展到今天，人已经成为最宝贵的资源，这是由人的主动性和创造性决定的。企业要管理好这种资源，更是要遵循科学的原则和方法。企业的管理人员应该是互补型的，而且要具有团队精神。一个企业必须具备负责产品设计与开发、市场营销、生产作业管理、企业理财等方面的专门人才。

在创业计划书中，必须对主要管理人员加以阐明，介绍他们所具有的能力，他们在本企业中的职务和责任，他们过去的详细经历及背景。此处，在这部分创业计划书中，还应对公司结构做一简要介绍，包括公司的组织机构图、各部门的功能与职责、各部门的负责人及主要成员、公司的报酬体系、公司的股东名单（包括认股权、比例和特权）、公司的董事会成员、各位董事的背景资料等。

7. 市场预测

当企业要开发一种新产品或向新的市场扩展时，首先要进行市场预测，如果预测的结果并不乐观，或者预测的结果让人置疑，那么投资者就要承担更大的风险，这对多数风险投资家来说都是不可接受的。市场预测首先要对需求进行预测：市场是否存在对这种产品的需求；需求程度是否可以给企业带来所期望的利益；新的市场规模有多大；需求发展的未来趋向及其状态如何；影响需求都有哪些因素。其次，市场预测还要包括对市场竞争的情况，即对企业所面对的竞争格局进行分析：市场中主要的竞争者有哪些；是否存在有利于本企业产品的市场空当；本企业预计的市场占有率是多少；本企业进入市场会引起竞争者怎样的反应和这些反应对企业会有什么影响。

创业计划书中，市场预测应包括以下内容。

（1）需求预测。

（2）市场预测。

（3）市场现状综述。

（4）竞争企业概览。

（5）目标顾客和目标市场。

（6）本企业产品的市场地位。

（7）市场区隔和特征等。

8. 营销策略

营销是企业经营中最富挑战性的环节，影响营销策略的主要因素如下。

（1）消费者的特点。

（2）产品的特性。

（3）企业自身的状况。

（4）市场环境方面的因素。

最终影响营销策略的则是营销成本和营销效益因素。

在创业计划书中，营销策略应包括以下内容。

（1）市场机构和营销渠道的选择。

（2）营销队伍和管理。

（3）促销计划和广告策略。

（4）价格决策。

对创业企业来说，由于产品和企业的知名度低，很难进入其他企业已经稳定的销售渠道中去。因此，企业不得不暂时采取高成本、低效益的营销策略，比如上门推销，大打商品广告，向批发商和零售商让利，或者交给任何愿意经销的企业销售。对于发展企业来说，它一方面可以利用原来的销售渠道，另一方面也可以开发新的销售渠道以适应企业的发展。

9. 生产制造计划

创业计划书中的生产制造计划应包括以下内容。

（1）产品制造和技术设备现状。

（2）新产品的投产计划。

（3）对技术提升和设备更新的要求。

（4）质量控制和质量改进计划。

在寻求资金的过程中，为了增大企业在投资前的评估价值，创业者应尽量使生产制造计划更加详细、可靠。一般来说，生产制造计划应回答以下问题：企业生产制造所需要的厂房、设备情况如何；怎样保证新产品在进入规模生产时的稳定性和可靠性；设备的引进和安装情况如何；谁是供应商；生产线的设计与产品组装是怎样的；供货者的前置期和资源的需求量如何；生产周期标准的制定以及生产作业计划的编制，物料需求计划及其保证措施，质量控制的方法是怎样的；

相关的其他问题。

10. 财务规划

财务规划需要花费较多的精力来做具体分析，其中包括现金流量表、损益表及资产负债表的制作。流动资金是企业的生命线，因此企业在初创或扩张时，对流动资金需要有预先周详的计划和进行过程中的严格控制；损益表反映的是企业的盈利状况，它是企业在一段时间运作后的经营结果；资产负债表则反映在某一时刻的企业状况，投资者可以用资产负债表中的数据得到的比率指标来衡量企业的经营状况及可能的投资回报率。

财务规划一般要包括以下内容。

（1）创业计划书的条件假设。

（2）预计的资产负债表、预计的损益表，现金收支分析、资金的来源和使用情况等。

可以这样说，一份创业计划书概括地提出了在筹资过程中创业者需要做的事情，而财务规划则是对创业计划书的支持和说明。因此，一份好的财务规划对评估创业企业所需的资金数量、提高创业企业取得资金的可能性是十分关键的。如果财务规划准备得不好，会给投资者以企业管理人员缺乏经验的印象，降低创业企业的评估价值，同时也会增加企业的经营风险，那么如何制定好财务规划呢？这首先要取决于创业企业的远景规划：创业企业是为一个新市场创造一个新产品，还是进入一个财务信息较多的已有市场。创业计划书着眼于一项新技术或创新产品的创业企业不可能参考现有市场的数据、价格和营销方式。因此，它要自己预测所进入市场的成长速度和可能获得的利润，并把它的设想、管理队伍和财务模型推销给投资者。而准备进入一个已有市场的创业企业则可以很容易地说明整个市场的规模和改进方式。创业企业可以在获得目标市场信息的基础上，对企业头一年的销售规模进行规划。

企业的财务规划应保证和创业计划书的假设相一致。事实上，财务规划和企业的生产计划、人力资源计划、营销计划等都是密不可分的。要完成财务规划，必须明确下列问题。

（1）产品在每一个期间的发出量有多大。

（2）每件产品的生产费用是多少。

（3）每件产品的定价是多少。

（4）使用什么分销渠道。

（5）需要招聘哪几种类型的人。

（6）招聘人员何时开始，工资预算是多少。

（7）什么时候开始产品线扩张。

11. 风险与风险管理

详细说明项目实施过程中可能遇到的风险，提出有效的风险控制和防范手段，包括技术风险、市场风险、管理风险、财务风险及其他不可预见的风险等，需主要明确以下问题。

（1）创业企业在市场、竞争和技术方面都有哪些基本的风险。

（2）准备怎样应对这些风险。

（3）创业企业还有一些什么样的附加机会。

（4）在创业企业现有资本基础上如何进行扩张。

（5）在最好和最坏情形下，创业企业的五年计划。

对于创业计划书的各项数据统计，如果不那么准确，应该估计出误差范围到底有多大。如果可能的话，对关键性参数做最好和最坏的设定。

**作业：**

1. 根据上述案例，谈谈你的想法或受到的启发。

2. 请草拟一份创业计划书。

# 附：范例

## 房娣快递服务公司创业计划书

一、项目介绍及分析

创建一家以校园快递业务为主，以校园慢递业务为特色的快递服务公司，公司名称暂定为"房娣快递服务公司"。

（一）校园快递业务

1. 业务介绍

（1）在固定时间内（如中午12：00—14：00和下午17：00—19：00）由各快递公司业务员准时将最新一批快件送到收件室，公司安排专人签收，并通过短信通知收件人领取快件。

（2）学校师生将需发送的快件送到收件室，也可以上门取件，在当天中午或下午由快递公司派送员统一取件，既方便了快递公司，也方便了师生，大大提高了工作效率。

2. 市场分析

目前在我校承接校园快递业务的主流公司有申通、圆通、韵达、顺风、宅急送、中国邮政 EMS。申通、圆通、宅急送的发件受理环节以发件人电话预约、业务员取件为主要方式，中国邮政 EMS 的快递受理主要是发件客户自行到邮局办理。收件客户签收环节，中国邮政 EMS、申通、圆通、宅急送派送员通过电话联系收件人约定好取件时间和地点，在约定的时间和地点签收快件。

通过认真调查，发现我校的快递业务存在一些问题，具体如下。

（1）快件签收的安全性不够强。由于领取快件时不需要出具任何身份证明，不少同学反映，任何人都可以冒充收件人将快件领走，快递公司至今仍未出台相关的预防方措施，可见快件签收环节安全性不强。

（2）工作环境不够好。派送员与收件人约定的地点一般都是露天的，时常会碰到打雷下雨、烈日炎炎等恶劣天气，给他们的工作带来很大的不便。

（3）工作效率低。有时候派送员暂时无法联系到收件人或收件人因有事不能取件，那么会给派送员带来工作不便，并且派送员在等待收件人排队取件的过程中也浪费了很多时间和精力，造成工作效率低。

基于以上分析可以发现，学校的快递业务有许多需要完善之处。

3. 可行性分析

（1）宏观环境分析

快递公司派送员的工作繁重、琐碎，并且很多师生对他们的服务既不放心也不满意。因此，有必要建立双方沟通的机制和途径。

（2）产品及服务分析

我们立足于房地产学院，提供优质的快递派送和取件服务，保证师生的快件以最快的速度安全送达，同时快速处理师生的快递取件业务。

（3）行业竞争与现状分析

据调查，目前暂无竞争对手，市场前景好。

（4）消费市场及购买力分析

各快递公司派送员为了提高工作效率，愿意和我们合作，并支付一定的费用。

学校师生为了快件的安全和便利，同样会支持我们。

（二）房地产学院慢递业务

1. 业务介绍

"慢递"概念最早源于美国，一开始只负责投递信件，形成市场后，商家的业务也逐渐向物品扩展。在国内也是近期开始流行，受到青少年和广大白领阶层的热捧。慢递是一种像普通邮局一样的信件投递业务，但不同的是慢递时间由寄信人自己决定，可以是几个月后、一年或几年后，甚至更长的时间。慢递是一种类似行为艺术的方式，提醒人们在快速发展的现代社会去关注自己的当下。例如，给5年后的自己写信，传递内心的目标与希望；给未来的孩子写信，分享父母相识、相知的历程；给3年后毕业的朋友写信，重温学生时代的美好回忆。我们相信这项"把今天寄给未来"的慢递服务必将在房地产学院引领新的时尚潮流，我们计划加盟慢递邮局，在细分寄递业务的基础上掘金邮递市场。

2. 市场分析

年轻人群是最朝气蓬勃的一个群体，我们的感情正处于兴奋期，有对新鲜事物的好奇，也有对现状的不满，有盲目自满与自我陶醉，也有对未来的憧憬……这样的状态必定有着一定的心理压力，我们需要一个可以排解心理压力的机会，从某种程度上引导忙碌的都市人重新关注"时间"的意义。校园慢递业务能给我们这样一个机会。并不高的费用，外加新颖的方法，必定能吸引很多学生。并且慢递市场在房地产学院暂未开发，受慢递业务的影响，在房地产学院有着很大的潜在价值。

3. 可行性分析

（1）宏观环境分析

校园慢递业务契合了都市人的心理需求，人们寄信的动机可能不尽相同，有人为了祝福，有人为了宣泄。很多在生活中不便直接表达的情绪，通过拉长收信时间，可以有效缓解寄信人的尴尬和焦虑感，帮助减压。如果将生命视为一趟旅程，那么每一天都值得享受。当你选择让亲友或自己等待一封未来将至的信，其实就是在有意识地放慢脚步，感受时间的传递与寄托，校园慢递业务就是这样一项以提高精神生活质量为目的的一项业务。送礼物已经是很常见的事情了，如果上学期间，在妈妈的生日当天想给妈妈送一个礼物，校园慢递业务可以帮助你，按时送出这份礼物。

（2）产品及服务分析

我们主要以定时信件、定时送礼物、定时发贺卡为主，另外销售一些小礼品、贺卡为辅。为能实现中远距离的递送，我们将与专业快递公司合作完成。我们会定期举行交流会，同时也举办类似"把今天寄给未来"的活动。

（3）行业竞争与状况分析

在同学们好奇心的驱使下，校园慢递业务在学校内定能掀起一波热潮，校园慢递业务的气息能吸引大量情侣，让我们为之提供服务。

（4）消费市场及购买力行为分析

校园慢递业务的收费不高，具体标准是这样的：一年为25元，两年为30元，每增加一年，费用增加5元。我们用今天的钱来做将来的事，这些收费标准对于大多数同学来说都能够接受。

二、经营战略

1. 经营理念

以最快的速度收送快件，以最负责的态度邮递慢件，以最诚信的心态构建共赢。

2. 战略目标

用一个月的时间与各快递公司协商，进行免费配送和收件，在零误差的基础上建立长久合作联盟，实现双赢。用一年的时间尝试不同的经营方式，并结合本校特点，探索适合自己的经营策略。用两年左右的时间稳定并扩大自己的业务量，同时制定出一条适合本地区经济发展的战略并凸现自己的特色。用三年左右的时间使本公司发展成为具有一定规模和一定竞争实力的校园慢递业务服务俱乐部，打造成房地产学院首家心理交流平台。

3. 竞争策略

本着"人无我有，人有我优"的原则，诚信经营，热忱服务。

4. 营销策略

①通过宣传单等平面媒体向全校师生宣传我们的特色服务。

②通过微信、公众号等媒体介绍我们的优质服务。

③开展优惠活动。

三、初期运作

1. 公司选址

房地产学院大学生创业基地。

2. 店面设计

门店装修做到简约、大方，有自己的独特风格，以暖色调为主，以心愿墙为特色。

3. 准备工作

①与各快递公司友好协商后签订合作协议。

②办理合法的营业执照和行业准入证。

③准备流动资金。

④制订公司运营执行计划。

四、财务预算

1. 经费筹措

采用股份制合作方式，首次筹款5万元作为启动资金，学校创业基金筹资1万元，3位创始人各出资1万元，借款1万元。

2. 销售预算

开业2个月后公司业务步入正常，6个月可收回成本。

3. 前期投入

前期投入包括前期房租、装修、首批存货等内容。工作室店面约为60平方米。店里装修相对简单，估计2万元左右即可，首批存货加上其他一些费用，估算在5万元左右。

五、组织结构

本公司采用经理负责制，创业初期暂设业务部、财务部，各部设主管1名，经理直接管理2个部门的主管，各自的职责如下。

1. 经理的主要职责

负责公司的经费筹措、业务运行管理、人员管理、合同签订等。

2. 业务主管的主要职责

负责校园快递业务和慢递业务的执行与拓展、业务宣传及公关工作等。

3. 财务主管的主要职责

由于财务管理专业性强，因此由专人负责管理，主要负责财务管理、工资管理、成本控制等。

4. 工作人员

工作人员根据实际业务需要聘请，采用专兼结合的方式，聘请若干名在校学生作为兼职人员。

六、风险管理

1.风险分析

①校园快递业务是建立在高度信任的基础上才能成功运作，怎样收发大批量的快件业务的确值得周密运作。

②要了解清楚慢递业务具体应该由哪个部门监管。

③慢递业务需要人力和物力对邮寄物品进行保管，需要支付管理费用。

2.风险预防

①建立目标客户群

向目标客户推广我们的业务，增加客户对我们的信心。

②提供优质服务

以优质的服务建立良好的信誉，在师生中营造好的口碑。

③咨询相关部门

通过咨询相关部门，了解慢递业务的相关政策。

④规范有序管理慢递业务

对慢递业务建立一套规范的管理制度，严格控制慢递业务保管费用的支出。

# 第八章 企业注册登记与创业融资

近年来大数据、云计算和移动互联网的快速发展，使创业、创新活动变成了社会大众人人可及的事情。"三证合一、一照一码"企业注册登记改革简化了企业注册登记程序，极大地激发了创业者的创业热情和市场活力。

## 第一节 选择经营场所

创业企业选址是指选定企业的经营场所或住所，这既是工商登记的要求，也是创业经营的需要。要创办企业，首先得选好经营场所，好的经营场所可以提高经营效益、降低经营成本。经营场所的费用是企业固定成本中的一大项开支，而且企业的经营位置关系到与客户的往来和销售，因此，选址的好坏直接影响到企业的经营效益。

### 案例1 星巴克的选址

开店最重要的是地点，但要选在哪里好呢？星巴克前任副总裁亚瑟·鲁宾菲尔在自己任内，将星巴克由100多家扩展到全球4000多家分店的经验，为每个想成功开店的创业者指引了完美的选址四步骤。

第一步挑地方：确定人潮及流量。

首先，你必须清楚人们要往哪里去，而不只是在哪里，像早餐店要在上班族会走过的地方。你可以花点时间，在感兴趣的目标地区计算上午、下午、晚上各时段的人潮，统计进入附近店面的人数，看看经过的人当中，上班族、学生、家庭主妇的比例，而且至少要在平日和周末各算一次，才能知道人潮确切的分布状况。

除了人们往哪里去，还要考虑人们得花多久才会到达你的店面。越便宜的产品，顾客越不愿花时间，如便利商店是以3分钟来定义主要商圈、咖啡店大约是5分钟，除非你打算卖汽车这种高

单价商品，否则一般而言，顾客最远只能忍受 7 分钟的交通时间。

第二步找地点：访查周边环境。

有了预先地点，第二步是先观察其周边环境，这时要用两种角度来观察，首先是商人的角度：什么迹象显示该地点可以创造业绩？其次，从顾客的角度：你会不会到这个地点逛街？黄金地段有冷门的角落，次级商圈也有热闹据点，找地点最忌讳只看到别人成功，就想在隔壁复制一家店，除非你有把握做出差异化。

此外，留意坐落在对角或不远处的竞争对手是否会抢走你的生意，你是否能在顾客行动路线上，抢先别人一步拦截顾客。随时注意对手的位置，寻找足以抗衡的地点，你一定要保持依靠地位，不然，位于同性质商店的下风处，小心生意也会一直处于下风。

第三步看店面：建筑等于活广告。

请抱着初次约会的心情看店面。先远看，再近看，想象你的店面在这个空间里的感觉，一旦店名放在招牌上，会很显眼吗？开车经过的人看得到吗？行人能从人行道上就注意到吗？好的店面就像活广告，不只是让人方便找到你，也能向路上行经的潜在客户展示自己。

此外，建筑设计也是一个重点，这个地点适合零售业吗？吸引人吗？即使在外观设计上相似的购物街，质量方面也可能相当悬殊。该大楼的质量是否跟你的产品一样质量好？记住，一定要从品牌打造的角度来思考建筑物。

第四步选邻居：好邻居让你少奋斗。

顾客会认为，彼此相邻的店面，其商品质量也相当类似，所以跟类似的品牌坐落在同一地点十分重要，因为有些选址策略就是要"寄生"。在大百货公司旁开服饰店、在高级超市旁开饮食店，被大品牌所吸引的顾客，也会被你所吸引。

另外，如果能碰到一些像开干洗店之类的优质邻居更好，因为这些店面都有着"两次到访"的机会，人们把衣服送去洗，隔几天必定会再回头来拿；邮局、超市也是这种好用的人潮回力镖，若能沾它们的光，那对你的生意绝对是大加分。

### 案例 2　肯德基快餐店在中国开设第一家店的选址

1986 年 9 月下旬，肯德基快餐店开始考虑打入人口众多的中国市场。他们面临的首要问题是：第一家肯德基店址应当选在哪里？这一决策对将来肯德基在中国市场的进一步开拓至关重要。当时有 3 个地点可供选择：上海、广州、北京。

上海。上海是中国较大的市场，有1100多万居民、19000多家工厂和中国最繁忙的港口，上海是中国最繁荣的商业中心，其优越的经济地位在国内显而易见。上海的明显优势是在这里容易获得合乎质量的充足的肉鸡供应，通过举办合资企业，泰国的正大集团已经在东南亚地区建立了10个饮料厂和家禽饲养基地，可以为上海供应肉鸡。肯德基的东南亚办公室与正大集团有着良好的关系。虽然上海一向是主要的商业中心，但在改革开放初期，人们收入水平增长不快，能否迅速接受西方快餐文化还是个疑问。而且它的噪声和污染令旅游者感到沮丧，西方游客不多。

广州。广州是可供选择的另一个方案。它位于中国东南部，离香港很近，作为中国14个沿海开放城市之一，广州在批准外资项目、减免税收和鼓励技术开发方面被授予了更多的自主权，而且广州人的收入水平近几年增长很快。广州是西方商人经常光顾的地方，同时也是旅游者从香港出发作一日游的好地方。广州与香港相距不到120千米路程，公路、铁路交通都很便利。在广州做买卖很容易得到肯德基香港办公室提供的服务。另外，广东地区的中国人也更熟悉西方管理惯例和西方文化。广东和香港同样讲粤语，差别不大，初步调查表明找到一个充分供应肉鸡的来源也没有什么困难。

北京。北京是中国的政治、文化中心，当时的北京有900万居民，人口数量仅次于上海。北京的外来人口数量众多，有潜在的消费群体。北京是中国的教育中心，是高等学府的聚集地，所有这些因素都造成人口大量涌入，这对肯德基销售的人民币结算部分是极为重要的。北京是那些向往故宫、长城、十三陵的国外游客的必到之地，这意味着肯德基将会有一个稳定的外汇收入。因此，如果在北京开设中国的第一家店，无疑将更大地吸引人们的注意力，并且不言而喻地表明政府的赞同态度，这将有助于今后往其他城市进一步发展。调查也表明，北京城郊有好几个家禽饲养基地。

最后，时任肯德基东南亚地区的高级管理者托尼·王及其团队权衡各个方案的利弊得失，决定把北京作为其进入中国的首选城市。

## 案例3　麦当劳的选址策略

### 1. 针对目标消费群

麦当劳的目标消费群是年轻人、儿童和家庭成员。所以在布点上，一是选择人潮涌动的地方，二是在年轻人和儿童经常光顾的地方布点。

### 2.着眼于今天和明天

麦当劳布点的一大原则是，一定20年不变。所以对每个点的开与否，都通过3个月到6个月的考察，再做决策评估。重点考察是否与城市规划发展相符合，是否会出现市政动迁和周围人口动迁，是否会进入城市规划中的红线范围。进入红线的，坚决不碰；老化的商圈，坚决不设点。有发展前途的商街和商圈、新辟的学院区、住宅区，是布点考虑的地区。纯住宅区则往往不设点，因为纯住宅区居民消费的时间有限。

### 3.讲究醒目

麦当劳布点都选择在一楼的店堂，透过落地玻璃橱窗，让路人感知麦当劳的餐饮文化氛围，体现其经营宗旨——方便、安全、物有所值。由于布点醒目，便于顾客寻找，也吸引人。

### 4.不急于求成

黄金地段，业主往往要价很高。当要价超过投资的心理价位时，麦当劳不急于求成，而是先发展其他地方的布点。通过别的网点的成功，让"高价"路段的房产业主感到麦当劳的引进，有助于提高自己的身价，于是再谈价格，重新布点。

### 5.优势互动

麦当劳开"店中店"选择的"东家"，不少是当地的知名老店，知名老店为麦当劳带来客源，麦当劳又吸引年轻人逛商店，起到优势互补的作用。

选择经营场所的步骤。以开办餐饮、百货、美发等门店为例，创业企业选址的方法和原则，经营场所选择一般要经过商圈调查、确定选址范围的目标、取得合适的经营场所等步骤。

### 1.商圈调查

商圈一般是指零售企业的顾客所在或所来自的区域。广义上的商圈可以是任何企业的顾客或客户所在的区域。

进行商圈调查，就是要了解顾客来自何方；顾客找你或者你找他们是否方便；商圈内，尤其是周边是否有竞争对手，它们的经营状况如何；等等。

（1）商圈调查的内容。商圈调查有以下主要项目及内容。

①客户群和人流量。了解所调查区域内的潜在客户数量及分布情况，潜在客户的消费能力，对所经营产品的认知和消费倾向等。对零售店还需要观察和测算拟经

营场所的过往人流量，同类经营店铺内的日常客流量等。

②交通便利程度。了解拟经营场所所在位置是否位于交通要道，公共交通是否方便，有无停车位等，以便了解顾客是否方便上门，外出送货或销售是否方便等。

③同类竞争者的分布。了解商圈内有多少竞争对手，商圈内同类企业的经营与拟开办企业有何差异；了解经营场地的租金或维持成本；了解选址区域内的经营场地除了租金、水电费外，是否还需要其他维持费用，如物业管理费等。

（2）商圈调查方式。常用的商圈调查方式包括以下几种：蹲点观察和测算、电话查询、走访考察、活动调查、问卷调查、网上调查等。

2. 确定选址范围和目标

（1）搜寻目标场所。根据商圈调查结果，可以初步物色好适合开办企业的地段、街道、小区、楼宇等。下一步就需要实际找到你的经营场地。搜索途径很多，如房屋中介公司、物业公司的租赁信息，各种商用房、写字楼等的招租广告、出租房屋门窗上或附近醒目处张贴的招租告示等。搜寻的方法主要有：通过网站调查、通过报刊查找、实地查找等。

（2）创办企业选址时应考虑的因素。创业企业选址时应考虑的有如下因素。

①市场因素。从顾客和竞争对手两个角度来考虑市场因素。

②商圈因素。要对特定商圈进行特定分析。

③政策因素。符合当地政策倡导的产业方向、经营理念一致，能得到当地政府的政策支持。

④价格因素。考虑资金、业务性质、创业成功或失败后的安排，物业市场的供求情况，利率趋势等。

⑤个人因素。通常会选择在住所附近经营，这样做有时可能会令创业者丧失更好的机会或经营受到局限。

⑥其他因素。物业因素也不能忽视。

3. 取得合适的经营场所

选址范围确定后，需要最终取得合适的经营场所，经营场所的类型主要有商铺、摊位、专柜、写字楼、住房等，经营场所取得的方式主要有租赁、购买、联营、利用现有住房等。

各种经营场所的类型和取得方式。

（1）商铺。临街的商铺、门店便于顾客上门，企业的独立形象好，但租金较贵，有的零售或服务不必在一楼，选择二楼或三楼商铺可以节省一定的租金。一些批发市场或商城里的精品店铺，以及购物中心里的店铺，虽然不临街，但如果客流量大，也是很好的选择。

（2）摊位。批发市场内或一些大型商场或超市的零售摊位，单位平方米的租金往往比多数街道上的独立商铺要贵一些，但由于人流量很大，摊位的销售流水按单位面积计算也会高一些。

（3）专柜。很多商场或超市会把场地空间分割，把部分或全部的商品经销分别以专柜的形式包给不同的商户经销。

（4）写字楼。一般事务所、设计公司、咨询公司、培训学校的经营场所都选在写字楼，有些服务性零售企业，也可在写字楼经营。写字楼的租金比商铺要低，也不会出现类似商铺里人流嘈杂的情况。

（5）与业主联营。与有经营场地或房屋的业主联营，用经营收入支付房租，可以大大降低场地的固定成本。

（6）自购经营场地。自行购买商铺、写字间，或者利用自己的商品住宅从事经营活动。

**作业：**

1. 根据上述案例，谈谈你的想法或受到的启发。

2. 组织小组讨论，以小组为单位派出代表说出小组的想法。

3. 请把自己的想法写下来。

# 第二节 企业注册登记

从 2014 年开始，国家出台了很多刺激全民创业的政策，包括新的企业注册登记不再需要注册资金、不必再找第三方机构验资、一个地址可以注册多个企业、工商税费优惠减免、大学生创业最高可获得 10 万元创业基金、失业人员可获得最高8000 多元的税费减免等政策。

以下为"三证合一"后的企业注册登记流程。

1. "三证合一"登记制度

从 2015 年 10 月 1 日开始，全国实施"三证合一"注册，全面推行"三证合一、一照一码"企业注册登记改革。"三证合一"注册登记制度是指将企业登记时依次申请的，分别由工商部门核发的营业执照、质监部门核发的组织机构代码证和税务部门核发的税务登记证，改为一次申请，由工商部门核发一个加载统一社会信用代码的营业执照，即"一照一码"营业执照。"一照一码"营业执照就好比企业的"身份证"，企业凭营业执照可以在政府机关、金融、保险机构等部门证明其主体身份，办理刻章、纳税、开户、社保等事务，相关部门都予以认可，且全国通用，提高了市场准入效率。

2. "三证合一"注册登记制度的重要意义

全面推行"三证合一"注册登记制度改革，是贯彻党的十八大和十八届二中、三中、四中全会精神，落实国务院决策部署，深化企业注册登记制度改革的重要举措。加快推进这一改革，可以进一步便利企业注册登记，持续推动形成大众创业、万众创新热潮。这是维护交易安全、消除监管盲区的有效途径，是推进简政放权、建设服务型政府的必然选择，对提高国家治理体系和治理能力现代化水平，使市场在资源配置中起决定性作用和更好发挥政府作用具有十分重要的意义。

3. "三证合一"后企业注册登记的基本流程

（1）办理企业名称核准。

办理企业名称核准需提交的材料：《名称（变更）预先核准申请书》、指定代表或共同委托代理人授权委托书、法人身份证复印件、代理人身份证复印件。

说明：第一步，按照企业名称结构规定给企业取名，最少取5个以上的名称，名称结构包含以下几部分：行政区划、字号、行业、组织形式；第二步，咨询后领取并填写《名称（变更）预先核准申请书》《投资人授权委托意见》，同时准备相关资料；第三步，递交《名称（变更）预先核准申请书》、投资人身份证、备用名称若干及相关材料，等待名称核准结果；第四步，由工商局上网（工商局内部网）检索是否有重名，如果没有重名，就可以使用这个名称，就会核发一张《名称（变更）预先核准通知书》。核名通过后，领取《名称（变更）预先核准通知书》。

（2）网上预审。

网上预审需提交的材料：《企业设立登记申请书》、房屋租赁合同复印件、房产证复印件、企业章程、《名称（变更）预先核准通知书》、股东资格证明、指定代表或共同委托代理人授权委托书、经营范围涉及前置许可项目的，以及应提交有关审批部门的批准文件。

确定企业住所应注意以下两点：

①房屋根据最初规划分为住宅与商业用房。商业用房可直接注册，住宅商用需

提供相关证明材料，将住宅改变为经营性用房的还应提交《登记附表一住所（经营场所）登记表》及所在地居民委员会或（业主委员会）出具的有利害关系的业主同意将住宅改变为经营性用房的证明文件；属非城镇房屋的，提交当地政府规定的相关证明。

②房屋租期，工商局关于注册地址的政策：有效租期不应低于 10 个月（在办理营业执照时所剩余的租期）。

说明：登录工商局网站，注册登录账号，把准备好的 PDF 电子版的资料按提示提交并填写相关内容，完成材料提交，材料提交后会有大概 5 个工作日的审核，如果材料有问题，那么会通知你修正再次提交。如果审核通过后，就可以在工商局网站跟其约定提交书面材料的时间。

（3）向工商部门提交预审后的书面资料。

向工商部门提交预审后的书面资料需提交材料：①《企业设立登记申请书》；②房屋租赁合同复印件，房产证复印件；③企业章程（提供全体股东亲笔签名的打印件一份，有法人股东的，要加盖该法人单位公章）；④《名称（变更）预先核准通知书》；⑤股东资格证明；⑥指定代表或共同委托代理人授权委托书；⑦法人身份证；⑧代理人身份证；⑨经营范围涉及前置许可项目的，应提交有关审批部门的批准文件。

说明：按照预约的时间带着书面材料去提交，一般情况是当时提交当时受理登记。

（4）领取营业执照。

领取营业执照需提交材料：等工商部门通知去工商局拿营业执照。

说明："三证合一"登记制度改革后新办理的营业执照，承载了原来的工商营业执照、组织机构代码证和税务登记证的功能。工商部门通过实时、自动、即时赋码的方法，按照核准的先后顺序，对新设立企业、变更企业发放加载全国唯一、终身不变的统一代码的营业执照。自 2015 年 10 月 1 日起，"三证合一、一照一码"登记制度改革在全国范围全面实施后，不再发放企业的组织机构代码证和税务登记证。

（5）篆刻公章备案。

篆刻公章备案需提交材料：凭营业执照、法人身份证到公安局指定的专业刻章公司篆刻本企业公章、合同章、财务章。

说明：正规的章需到公安部门备案才有法律效力。

（6）税务备案，打印三方协议。

税务备案，打印三方协议需提交材料：带所在企业房屋租赁合同并加盖公章、营业执照及全部公章去税务备案，打印三方协议。

说明：质监、国税、地税并联审批。

（7）开设银行基本账户。

开设银行基本账户需提交材料：带上营业执照及企业公章、合同章、财务章和法人的身份证原件，房屋租赁合同一份并加盖公章去银行开立银行基本账号。

说明：可以选择企业注册所在地的商业银行开设银行基本账号，各大银行的扣费标准和扣费时间不一样，有的是在账户中扣除，有的是开户时就预交。相关费用有小额存款费、回单箱费、网银使用费、年费等。

**作业：**

1. 根据上述案例，谈谈你的想法或受到的启发。

2. 组织小组讨论，以小组为单位派出代表说出小组的想法。

3. 请把自己的想法写下来。

# 第三节　创业融资

"万事俱备，只欠东风"，创业面临的难题之一就是"启动资金"。有时我们会看到"一文钱难倒英雄汉"和"出师未捷身先死，长使英雄泪满襟"的唏嘘场面。

## 一、创业融资的概念

融资就是一个企业的资金筹集的行为与过程。

创业融资是指创业企业根据自身发展的要求，结合生产经营、资金需求等现状，通过科学的分析和决策，借助企业内部或外部的资金来源渠道和方式，筹集生产经营和发展所需资金的行为和过程。

## 二、创业融资的基本原则

创业融资有以下基本原则。

1. 规模适当

合理确定融资规模避免因融资不足，影响生产经营的正常进行，又防止融资过多，造成资金闲置。

### 2. 融通及时

合理安排资金的融通时间，适时获取所需资金。避免过早融通资金形成的资金投放前的闲置，防止取得资金的时间滞后，错过资金投放的最佳时间。

### 3. 来源合理

不同来源的资金，对企业的收益和成本有不同的影响，因此，企业应认真研究资金来源渠道和资金市场，合理选择资金来源。

### 4. 方式经济

不同融资方式条件下的资金成本有高有低，对各种融资方式进行分析、对比，选择经济、可行的融资方式。与融资方式相联系的问题是资金结构问题，企业应确定合理的资金结构，以便降低成本，减少风险。

## 三、创业资金融资案例

"有投入才会有产出"，要创业赚钱，需要先投入资金。对大多数创业者来说，资金是制约创业和发展的最大困境之一。只有做好资金的规划和筹措，才能保障创业不会陷入"无米之炊"而夭折。让我们来看看，商界高手是怎样借钱的。

### 案例 1　北京某文化馆的翻修融资

二十多年前，北京某文化馆需要翻修扩建，原文化馆附近的居民需要迁走 100 户。按当时的商品房售价，每套住房价值为 16 万～20 万元，总计需要投资约 2000 万元。

北京市政府批了 1400 万元，距离 2000 万元还差 600 万元。600 万对文化馆这个清水衙门来说，无异于天文数字。如何融资解决呢？

后来有人给他们出了一个高招：避开北京昂贵的房价，到郊区去为 100 个拆迁户购 100 套房子。同时，为解决居民的交通问题，再买 100 辆天津"大发"车，分别送给他们。

当时郊区的一套住房售价为 3 万多元，一辆"大发"车要 4.5 万元，二者加起来不到 8 万元，这样，100 户居民只用 800 万元就可以安置好。

市政府的 1400 万元不仅满足了拆迁需要，还节余下 600 多万元，融资难题就这样轻松地解决了。

## 案例 2　船王借钱买船

在中国航运史上，有两位"船王"都是靠"借钱买船"发家的。其中一位是香港船王包玉刚。他开始创业时，就是向朋友借的钱。他借钱先买了一条破船，然后，用这条船去银行抵押贷款，贷来了款，再买第二条船。然后，再用第二条船作抵押，去买第三条船。他就是采取这种"抵押贷款"的方式，滚动发展起来的。

有一次，包玉刚竟两手空空，让著名的汇丰银行为他买来了一艘崭新的轮船。他是怎样操作的呢？我们来听听他的说法。他跑到银行，找到信贷部主任说："主任，我在日本订购了一艘新船，价格是 100 万元。同时，我又在日本的一家货运公司签订了一份租船协议，每年租金是 75 万元，我想请贵行支持一下，能不能给我贷款？"

信贷部主任说："你这个点子不错，但你要有担保。"他说："可以，我用信用状担保。"什么是信用状？就是"货运公司"从其他银行开出的信用证明。很快，包玉刚到日本拿来了信用状，银行就同意给他贷款。你看，船都没有造，钱就给他了。你会问：为什么银行会给他贷款呢？我们来分析一下。

如果银行给他 100 万元订购这条船，每年就有 75 万元的租金，不需 2 年，他就可以还清 100 万元的贷款。

银行肯定担心，怕他有钱不还，或者有情况还不了钱。这没关系，因为银行这里有货运公司的"信用状"作担保，这家公司很守信用，如果他不还钱，银行可以找这家货运公司，保障没有问题。所以，银行就敢贷款给他了。如果你借了，又还不了，今后别人才不敢跟你打交道。

还有，包玉刚赚到一笔钱，不是像有些小财主那样存起来，这样发展太慢，而是拿它继续扩大规模。有规模才有效益，这样才能做大做强。他就是用这种"滚动式"的"抵押贷款"经营方式，在大洋里越滚越大，成为世界航运之佼佼者。

香港的另一位船王叫虞洽卿，他也是靠借银行贷款起家的。他的诀窍是买旧船进行"包装"，再向银行抵押，得到贷款后，又买旧船"包装"再抵押。这样循环往复，资本就越滚越大。据说，他买一条旧船一般价格是 5 万~10 万元，修理配件、油漆一新后，到银行可贷款 15 万～ 20 万元。就这样，他也用这种办法滚成了一个"百万富翁"。

虞洽卿这种贷款办法，比包玉刚的办法又进了一步。一个进行了"包装"，一个没有"包装"。商品就是这样，一"包装"身价就上升，包不包装价值大不一样，给别人的感觉效果也是不一样的。二者相同的是"滚动"发展，只有"滚动"才能大发展。

## 案例 3　29 天众筹 1000 万元

中国众筹金额最高纪录被再次刷新，"三个爸爸"儿童专用空气净化器，在京东众筹平台以 29 天众筹 1000 万元的成绩，冠绝众筹业界。

1. 好产品源自好概念

选择生产空气净化器，主要源于负责人戴赛鹰刚晋升为准爸爸时，从医生朋友那里了解到由于孩子呼吸系统发育不完全，对污染的抵抗能力仅为成人的 1/10 ～ 1/4，随着空气污染越来越严重，儿童呼吸系统疾病的发病率会逐渐上升。

戴赛鹰开始为自己未出生的孩子担忧，但找遍市场上所有净化器，却没有一款属于儿童专用的。市面上大多数净化器都对甲醛、过滤 PM2.5 缺乏明显成效。戴赛鹰与陈海滨、李洪毅两个做了爸爸的人交谈时，发现这是大家共同的苦恼。"自己打造一款专为孩子用的净化器。"他们对这个创意一拍即合。

雾霾天气和装修产生的甲醛污染问题一直都是民众头疼的问题。戴赛鹰通过打造儿童专用空气净化器的概念，体现了产品背后的情怀：儿童是家长最愿意投资的对象，产品的生产更是牵动了万千家长的心。"三个爸爸"的名字容易被记忆，显得温情的同时又蕴藏着三个创始人的背后故事。

2. 用营销打开市场

有了产品概念，这个创业团队找到了高榕树资本合伙人张震，并从其处获得了 100 万美元的过桥贷款。同时张震允诺，如果戴赛鹰团队能做出让他信服的产品，自己会再补充 900 万美元的投资。

固然三个人有好产品，但如果三个人都是一般人可能不会那么容易获得创业资金的支持。戴赛鹰、陈海滨、李洪毅三人都是黑马会成员，有着婷美营销出身、保健资深从业者和清华技术流的背景，背后肯定少不了一堆资源和一帮朋友的支持。

3. "三个爸爸"的发展历程

2014 年 4 月，在张震的引荐下，创业团队和分众传媒董事长江南春牵上线，并与分众传媒签署战略合作协议。

2014 年 8 月，"三个爸爸"团队与"代言"团队共同策划新产品发布形式，代言团队为三个爸爸对接京东众筹资源。

2014 年 8 月 29 日，"三个爸爸"儿童专用空气净化器发布会在黑马会全球路演中心举行。

2014 年 9 月 15 日，"三个爸爸"发出冲击京东千万众筹预告获 3000 个赞。

2014 年 9 月 19 日，"三个爸爸"空气净化器获国家室内车内环保产品检测除甲醛 CADR 值达到 117 立方米 / 小时，专家说从未见过除甲醛效果这么好的净化器。

2014 年 9 月 22 日，"三个爸爸"在京东众筹平台发起千万众筹，截至上午 10：30 时，30 分钟众筹额突破 50 万元；截至上午 12：00 时，众筹额攀升到 100 万元；首发日众筹额达到 200 万元人民币，创造互联网众筹新纪录。

2014 年 10 月 28 日，各大媒体宣传"三个爸爸"，29 天众筹 1000 万元。

### 四、创业资金的融资渠道

融资渠道是指取得资金的途径，即资金的供给者是谁。融资方式则是指如何取得资金，即采用什么融资工具来取得资金。

创业想不付出就有收获是不行的，天底下是没有天上掉馅饼这种事情的，就算是去买彩票，也必须投入钱去买，你才有机会中大奖。想创业，就必须有一定的资金，哪怕是小投入的创业，也需要一定的启动资金，资金不足只会阻碍发展。在创业初期，很多创业者都存在资金短缺的情况，那么融资渠道有哪些呢？

1. 自筹资金

这里的自筹资金可以是自己的存款，也可以找亲戚朋友借款，但在向亲戚朋友借款的同时要注意一些问题，无论你向亲戚朋友借了多少钱，企业的最大股东还是你自己，这样你才掌握主动权，以免在经营过程中受制于人，而失去了创业的动力。

2. 合作融资

当前经济形势下，一个人的力量是很难在市场上奋斗出一片天地的，所以很多创业者都选择合伙入股的方式，这样不仅解决了自己资金短缺的问题，而且还能降低个人创业的风险，达到了资源整合的目的。但合伙创业需要注意许多问题，在选择合伙人时也要特别小心。

3. 银行借贷

银行贷款被誉为创业融资的"蓄水池"，由于银行财力雄厚，而且大多具有政府背景，在创业者中很有"群众基础"。但是有很多人并不清楚银行借贷的程序，有些是不敢向银行贷款，而失去了大好的商机。现在各大银行已经针对创业者出台了相应的贷款品种，所以创业者在创业贷款时一定要选择正确贷款品种，创业将会更加轻松。

从目前的情况看，银行贷款有以下几种。

（1）抵押贷款。抵押贷款是指借款人向银行提供一定的财产作为信贷抵押的贷款方式。

（2）信用贷款。信用贷款是指银行仅凭对借款人资信的信任而发放的贷款，借款人无须向银行提供抵押物。

（3）担保贷款。担保贷款是指以担保人的信用为担保而发放的贷款。

（4）贴现贷款。贴现贷款是指借款人在急需资金时，以未到期的票据向银行申请贴现而融通资金的贷款方式。

（5）政策性贷款。政策性贷款是指政府部门为了支持某一群体创业出台的小额贷款政策。例如，针对下岗失业人员的小额贷款政策；也包括支持中小企业的发展建立了许多基金，如中小企业发展基金、创新基金等。这些政策性贷款的特点是利息低、微利行业政策贴息甚至免利息、偿还的期限长甚至不用偿还。但要获得这些基金必须符合一定的政策条件。

4. 风险投资

取名风险投资，肯定是会有一定的风险的。风险投资是指对处于创建期和成长期的中小企业进行股权或债权投资，并参与企业管理，以获得较高的报酬。创业者在选择风险投资时一定要选择专业的机构，目前从事这种风险投资的金融机构已经有很多家，一定要选一家信誉及权威都比较好的机构。因为这种投资有一定的风险性，所以创业者在选择时一定要谨慎。

风险投资是一种高风险、高回报的投资，风险投资家以参股的形式进入创业企业，为降低风险，在实现增值目的后会退出投资，而不会永远与创业企业捆绑在一起。而且，风险投资比较青睐高科技创业企业。风险投资家虽然关心创业者手中的技术，但他们更关注创业企业的盈利模式和创业者本人。

5. 政府创业扶持资金

作为国民经济中重要组成部分的中小企业，由于受到资金和规模的限制，经常会在企业发展过程中遇到各种困难。所以我国各地政府每年都会拨出一些扶持资金，支持这些企业的正常发展。

6. 股权融资

股权融资是指创业者或中小企业让出企业一部分股权获取投资者的资金，让投资者占股份，成为股东，而不是借贷，是带有一定风险投资性质的融资，是投融资双方利益共享、风险共担的融资方式，对不具备银行融资和资本市场融资条件的中小企业而言，这种融资方式不仅便捷，而且可操作性强，是创业者与中小企业现实可行的融资渠道。

7. 债权融资

债权融资是指创业者或中小企业采用向银行等金融机构贷款或者向非金融机构（民间借贷）借款的形式进行融资，在一定期限满后当事人必须偿还本金并支付利息。向金融机构贷款需要具备抵押、信用、质押担保等某一条件，民间借贷更多的是依靠信用和第三方担保的形式。

8. 融资租赁

融资租赁是一种以融资为直接目的的信用方式，表面上看是借物，而实质上是借资，以租金的方式分期偿还。该融资方式具有以下优势：不占用创业企业的银行信用额度，创业者支付第一笔租金后即可使用设备，而不必在购买设备上大量投资，这样资金就可调往最急需用钱的地方。

融资租赁这种筹资方式，比较适合需要购买大件设备的初创企业，但在选择时要挑那些实力强、资信度高的租赁公司，且租赁形式越灵活越好。

9. 天使投资

天使投资主要指具有一定资本金的个人或家庭，对具有发展潜力的初创企业进行早期投资的一种民间投资方式。天使投资是风险投资的一种，但与大多数风险投资投向成长期、上市阶段的项目不同，天使投资主要投向构思独特的发明创造计划、创新个人及种子期企业，为尚未孵化的种子期项目"雪中送炭"。它只将发明计划或种子期项目"扶上马"，而"送一程"的任务则由机构风险投资来完成。

10. 其他方式

当然这里的其他融资方式必须是合法的方式，例如，民间资本、创业融资宝、典当融资、供应商融资、经销商垫资等。只要资金这一基本的问题解决了，就能解决创业过程中很多的难关，当然也有钱解决不了的事情，所以就需要创业者有全面的综合素质，这样才能获得成功。

**作业：**

1. 根据上述案例，谈谈你的想法或受到的启发。

2. 组织小组讨论，以小组为单位派出代表说出小组的想法。

3. 请把自己的想法写下来。

# 第四节　创业风险

在创业过程中，创业者要投入大量人力、物力和财力，要引入和采用各种新的生产要素与市场资源，要建立或者对现有的组织架构、管理体制、业务流程、工作方法进行变革。这一过程必然遇到各种意想不到的情况和各种困难，从而有可能使结果偏离创业的预期目标，导致创业风险。

## 一、创业风险的来源

创业风险的根本来源是创业环境的不确定性，创业机会与创业企业的复杂性，创业者、创业团队与创业投资者的能力与实力的局限性。由于创业过程往往是将某一构想或技术转化为具体的产品或服务过程，在这一过程中，存在着融资缺口、研究缺口、信息和信任缺口、资源缺口、管理缺口，它们是上述不确定性、复杂性和有限性的主要来源。

1. 融资缺口

融资缺口存在于学术支持和商业支持之间，是研究基金和投资基金之间存在的断层。其中，研究基金通常来自个人、政府机构或公司研究机构，它既支持概念的创建，还支持概念可行性的最初证实；投资基金则将概念转化为有市场的产品原型（这种产品原型有令人满意的性能，对其生产成本有足够的了解并且能够识别其是否有足够的市场）。创业者可以证明其构想的可行性，但往往没有足够的资金将其实现商品化，从而给创业带来一定的风险。

2. 研究缺口

研究缺口主要存在于仅凭个人的兴趣所做的研究判断和基于市场潜力的商业判断之间。当一个创业者最初证明一个特定的科学突破或技术突破可能成为商业产品基础时，他仅仅停留在自己满意的论证程度上。然而，这种程度的论证后来不可行了，在将预想的产品真正转化为商业化产品（大量生产的产品）的过程中，即具备有效的性能、低廉的成本和高质量的产品，在能从市场竞争中生存下来的过程中，需要大量复杂而且可能耗资巨大的研究工作（有时需要几年时间），从而形成创业风险。

### 3. 信息和信任缺口

信息和信任缺口存在于技术专家和管理者（投资者）之间。也就是说，在创业中存在两种不同类型的人：一种是技术专家；另一种是管理者（投资者）。这两种人接受不同的教育，对创业有不同的预期、信息来源和表达方式。

技术专家知道哪些内容在科学上是有趣的，哪些内容在技术层面上是可行的，哪些内容根本就是无法实现的。在失败类案例中，技术专家要承担的风险一般表现在学术上、声誉上受到影响，以及没有金钱上的回报。管理者（投资者）通常比较了解将新产品引进市场的程序，但当涉及具体项目的技术部分时，他们不得不相信技术专家，可以说管理者（投资者）是在拿别人的钱冒险。如果技术专家和管理者（投资者）不能充分信任对方，或者不能够进行有效的交流，那么这一缺口将会变得更深，带来更大风险。

### 4. 资源缺口

资源与创业者之间的关系如同颜料和画笔与艺术家之间的关系。没有了颜料和画笔，艺术家即使有了构思也无从实现。创业也是如此。没有所需的资源，创业者将一筹莫展，创业也就无从谈起。在大多数情况下，创业者不一定也不可能拥有所需的全部资源，这就形成了资源缺口。如果创业者没有能力弥补相应的资源缺口，要么创业无法起步，要么在创业中受制于人。

### 5. 管理缺口

管理缺口是指创业者并不一定是出色的企业家，不一定具备出色的管理才能。进行创业活动主要有两种：一是创业者利用某一新技术进行创业，他可能是技术方面的专业人才，却不一定具备专业的管理才能，从而形成管理缺口；二是创业者往往有某种"奇思妙想"，可能是新的商业点子，但在战略规划上不具备出色的才能，或不擅长管理具体的事务，从而形成管理缺口。

### 二、创业要防范哪些方面的风险

1.选择项目太盲目的风险

创业者创业时如果缺乏前期市场调研和论证，只是凭自己的兴趣和想象来决定投资方向，甚至仅凭一时心血来潮做决定，一定会碰得头破血流。创业者在创业初期一定要做好市场调研，在了解市场的基础上再创业。一般来说，创业者资金实力较弱，适宜选择启动资金不多、人手配备要求不高的项目，从小本经营做起。

2.缺乏创业技能的风险

很多创业者眼高手低，当创业计划转变为实际操作时，才发现自己根本不具备解决问题的能力，这样的创业无异于纸上谈兵。一方面，创业者应先去企业打工或实习，积累相关的管理和营销经验；另一方面，创业者要积极参加创业培训，积累创业知识，接受专业指导，提高创业成功率。

3.资金风险

资金风险在创业初期会一直伴随在创业者的左右。是否有足够的资金创办企业是创业者遇到的第一个问题。企业创办起来后，就必须考虑是否有足够的资金支持企业的日常运作。对初创企业来说，如果连续几个月入不敷出或者因为其他原因导致企业的现金流中断，都会给企业带来极大的威胁。相当多的企业会在创办初期因资金紧缺而严重影响业务的拓展，甚至错失商机而不得不关门。

另外，如果没有广阔的融资渠道，创业计划只能是一纸空谈。除了银行贷款、自筹资金、民间借贷等传统方式以外，还必须充分利用风险投资、创业基金等融资渠道。

4.社会资源贫乏的风险

企业创建、市场开拓、产品推介等工作都需要调动社会资源，创业者在这方面往往感到非常吃力。创业者平时应多参加各种社会实践活动，扩大自己的人际交往范围。创业前，可以先到相关行业领域工作一段时间，通过这个平台，为自己日后的创业积累人脉。

5.管理风险

部分创业者虽然技术出类拔萃，但理财、营销、沟通、管理方面的经验普遍不足。要想创业成功，大多数创业者必须技术、经营两手抓，可从合伙创业、家庭创业或从虚拟店铺开始，锻炼创业能力，也可以聘用职业经理人负责企业的日常运作。

创业失败者，基本上都是管理方面出了问题，其中包括决策随意、信息不通、理念不清、患得患失、用人不当、忽视创新、急功近利、盲目跟风、意志薄弱等。特别是职业中学的学生知识单一、经验不足、资金实力和心理素质明显不足，更会增加在管理上的风险。

### 6. 竞争风险

寻找蓝海（蓝海代表的是更广阔的市场空间——不那么残酷的行业竞争和更高的利润）是创业的良好开端，但并非所有的新创企业都能找到蓝海。更何况，蓝海也只是暂时的，所以，竞争是必然的。如何面对竞争是每个企业都要随时考虑的事，而对新创企业更是如此。如果创业者选择的行业是一个竞争非常激烈的领域，那么在创业之初极有可能受到同行的强烈排挤。一些大企业为了把小企业吞并或挤垮，常会采用低价销售的手段。对大企业来说，由于规模效益或实力雄厚，短时间的降价并不会对它造成致命的伤害，而初创企业则可能意味着彻底毁灭的危险。如何应对来自同行的残酷竞争是创业企业生存的必要准备。

### 7. 团队分歧的风险

现代企业越来越重视团队的力量。创业企业在诞生或成长过程中最主要的力量来源一般都是创业团队，一个优秀的创业团队能使创业企业迅速地发展起来。但与此同时，风险也就蕴含在其中，团队的力量越大，产生的风险也就越大。一旦创业团队的核心成员在某些问题上意见不一致，产生分歧时，极有可能会对企业造成强烈的冲击。

事实上，做好团队的协作并非易事。特别是与股权、利益相关联时，很多初创时很好的伙伴都会闹得不欢而散。

### 8. 缺乏核心竞争力的风险

对具有长远发展目标的创业者来说，他们的目标是不断地发展壮大企业，因此，企业是否具有自己的核心竞争力就是最主要的风险。一个依赖别人的产品或市场打天下的企业是永远不会成长为优秀企业的。核心竞争力在创业之初可能不是最重要的问题，但是要谋求长远的发展规划，就是最不可忽视的问题。没有核心竞争力的企业终究会被淘汰出局。

### 9. 人力资源流失造成的风险

一些研发、生产或者经营性企业需要面向市场，大量的高素质专业人才或业务队伍是这类企业成长的重要基础。防止专业人才及业务骨干流失应该是创业者时刻注意的风险，在那些依靠某种技术或专利创业的企业中，拥有或掌握这一关键技术的业务骨干的流失是创业失败的最主要风险源。

10. 意识上的风险

意识上的风险是创业团队最内在的风险。这种风险来自无形，却有强大的毁灭力。风险性较大的意识有：投机的心态、侥幸心理、试试看的心态、过分依赖他人、回本的心理等。

**作业：**

1. 根据上述案例，谈谈你的想法或受到的启发。

2. 组织小组讨论，以小组为单位派出代表说出小组的想法。

3. 请把自己的想法写下来。

# 参考文献

［1］皮发万. 创新力是这样炼成的：发明创新基础训练［M］.北京：知识产权出版社，2019.

［2］陈承欢，杨利军，高峰. 创新创业指导与训练［M］.北京：电子工业出版社，2017.

［3］王思悦，王群，严奎星. 发明创造应用学［M］.济南：济南出版社，2009.

［4］丹尼·W.辛克莱. 财富智商［M］. 朱若愚，译.北京：台海出版社，2001.

［5］王世刚，蔡有杰. 创造创新创业理论与实践［M］. 哈尔滨：哈尔滨工程大学出版社.2013.